ESSAI SUR LE CARACTÈRE DE JÉSUS-CHRIST

ROGER HOLLARD

ALICIA ÉDITIONS

TABLE DES MATIÈRES

Préliminaires	1
Le caractère de Jésus-Christ envisagé dans son développement	12
Le caractère de Jésus-Christ envisagé en lui-même	36
Conclusion	66
Notes	75

PRÉLIMINAIRES

I

Mon but est de rechercher quel fut le caractère de l'homme extraordinaire qui, il y a un peu plus de dix-huit siècles, au sein d'un pays obscur et d'un peuple méprisé, fonda un ordre de choses, lequel dès lors a envahi, en la modifiant, une grande partie du monde, et exerce encore aujourd'hui, de l'aveu même de ses détracteurs, une influence radicale et sur les individus et sur les sociétés.

Je ne me fais aucune illusion ; le but que je viens d'indiquer ne peut être atteint que dans une petite mesure. La personnalité de Jésus a débordé jusqu'ici toutes les conceptions qui en ont été présentées, et il ne s'est pas encore trouvé d'artiste qui ait essayé de rendre le Christ en une image, et qui n'ait pas réservé, bien malgré lui, sans doute, à des rivaux inconnus, quelques traits du modèle qu'il voulait copier. La raison de ce fait est, avant tout, une raison morale. Dans le domaine moral, l'homme ne saisit bien que ce qu'il réalise déjà en quelque mesure. Les ressorts cachés de la vie d'un héros échapperont toujours à celui dont l'âme ne renferme pas une parcelle d'héroïsme. Pour rendre dans toute la plénitude de sa richesse une vie pure, il faudrait l'avoir réfléchie, et, une âme pure peut seule la réfléchir. Voilà pourquoi, selon la pensée profonde de l'apôtre qui a le mieux connu Jésus, nous ne le verrons tel qu'il est que lorsque nous lui serons semblables[1].

Nous ne nous dissimulons pas non plus tout ce que peut avoir d'étrange et même de peu respectueuse pour certains esprits, l'idée de placer à côté du nom du Christ, un mot aussi humain que celui de *caractère*. Aussi nous sentons-nous obligé de déclarer d'entrée dans quel sens nous entendons ce mot. En écrivant en tête de notre *Essai* les mots *Caractère de Jésus-Christ*, nous n'avons prétendu préjuger en rien de la nature intime de Jésus ; encore moins avons-nous voulu supposer que, selon l'analogie générale, Jésus aurait présenté dans sa personne, d'une manière exclusive ou prédominante, certains côtés de la nature normale de l'homme et aurait eu ainsi, dans le sens restreint et souvent employé du mot, un *caractère*. Une telle méthode serait, on le verra dans la suite, directement contraire à l'esprit de notre travail. La seule hypothèse dont nous ayons besoin (et qui ne nous l'accorderait ?) est celle de la pleine humanité de Jésus. Quelle que fût l'origine de Jésus, quelle que fût sa nature profonde, il est constant qu'il a été homme, vivant parmi les hommes. Il a eu, par conséquent, un *caractère*, c'est-à-dire qu'un trait ou un ensemble de traits marquait son individualité, et quand nous devrions arriver à reconnaître que ce qui distingue le Christ de toute autre individualité humaine, c'est qu'il possédait dans une parfaite harmonie toutes les facultés normales de notre être moral, nous pourrions encore parler du *caractère* de Jésus-Christ.

Remarquons, d'ailleurs, que, jusqu'à ces derniers temps, l'Église a peu insisté sur l'étude du caractère de Jésus-Christ. Nous nous l'expliquons facilement. Durant les premiers siècles de son existence, elle eut à se défendre et à s'affirmer en face de deux mondes, le monde juif et le monde païen, qui lui contestaient tous ses droits ou s'efforçaient de l'envahir. Or la lutte de l'Église avec le judaïsme la portait surtout à rechercher dans l'histoire et dans les institutions d'Israël des types de l'économie nouvelle, et sa lutte avec le monde païen la plaçait sur le terrain d'une haute philosophie, terrain aussi peu favorable que le premier à l'étude élémentaire de la vie du Christ. Au Moyen Âge, il s'agit surtout pour l'Église de se consolider comme institution. Or ce point de vue la portait d'une part à concentrer, pour le vulgaire, toute la religion dans le rite, — et de l'autre, à donner à ses propres études une couleur de plus en plus systématique, qui en exclût nécessairement le vulgaire. Qu'on se figure, au Moyen Âge, un moine prêchant sur le caractère de Jésus ! Il eût fourni à la multitude une autorité dont la fraîche et *laïque* saveur n'eût pas manqué de la séduire et qu'elle n'eût pas tardé, sans doute, à opposer à celle dont relevait le prédicateur lui-même. — Autant eût valu, pour ce moine, distribuer l'Évangile !

La Réforme vint, qui replaça d'une main puissante l'homme en face de Dieu. Mais, pas plus que l'Église des premiers siècles, elle ne put s'empêcher de compter avec l'ancien ordre de choses. Ce fut d'abord pour réagir contre lui. Elle le fit en soutenant, en face du pélagianisme qui avait tout envahi, les droits de Dieu sur l'âme humaine. Elle mit ainsi, tout d'abord, la question anthropologique à son ordre du jour. Et puis elle éprouva le besoin, ce n'est pas nous qui l'en blâmerons, d'établir un corps de doctrines. Dans ce travail, elle se préoccupa, avant toute chose, de défendre ce qui était attaqué et d'établir son accord avec les symboles des premiers siècles, auxquels elle déclarait adhérer. Or nul n'attaquait alors le caractère de Jésus, et l'on sait la place qu'occupe ce sujet dans les canons de Nicée et de Constantinople ! Il fallut, une fois de plus, que nous apprissions de nos adversaires à faire l'inventaire de nos richesses. Il fallut que, lasse de s'en prendre au *système* chrétien, la tendance naturaliste du dernier siècle portât hardiment la main au centre, nous voulons dire à Jésus même, pour que les chrétiens comprissent que le véritable fondement de leur foi, celui qu'ils devaient à la fois défendre et présenter, était la réalité vivante et historique de l'Homme-Dieu. Je n'ai pas à raconter cet épisode déjà long de notre histoire théologique ; ce que je veux constater seulement, c'est qu'aujourd'hui la lutte nous appelle irrésistiblement sur le terrain des faits. Ce qui est attaqué aujourd'hui, c'est cette création de Dieu dans l'histoire que nous appelons le christianisme, et qui a son centre en la personne du Christ. Eh bien, c'est cette création que nous devons défendre, et que nous ne pouvons défendre qu'en nous plaçant, aussi résolument que nos adversaires, sur le terrain de l'histoire. Ce terrain, d'ailleurs, est celui qui nous convient. C'était celui de l'Église apostolique (1 Jean I, 1), et nous devons une grande reconnaissance à ceux qui nous mettent en demeure de ne pas l'oublier.

Cela posé, notre tâche est double. Nous avons à justifier de la haute valeur des documents sur lesquels repose la connaissance que nous avons du Christ, — c'est le rôle de la critique. — Nous avons aussi à construire, à l'aide des matériaux dont nous disposons, l'image du Christ de l'histoire. — Ah ! sans doute, cette image gît vivante dans la foi du chrétien le plus ignorant. Mais ne sera-t-il pas permis à celui qui a saisi, par l'intuition de la foi, cette image, de se mettre à quelque distance, et là, dans le recueillement de son âme, de faire l'inventaire de son trésor ?

C'est ce dernier travail que nous voulons essayer, bien persuadé d'ailleurs que le meilleur moyen de servir les intérêts de la critique elle-même, serait de présenter du Christ des Évangiles une image d'une si vivante réalité, qu'elle s'imposât et fit dire une fois de plus : Ce n'est pas ainsi qu'on invente ! Nous désirons nous livrer à cette étude sans aucune préoccupation étrangère à notre sujet. Nous appliquerons à Jésus les règles ordinaires de l'observation. Nous nous ferons violence au point d'essayer de le traiter comme le premier venu, et nous ne croirons pas pour cela lui manquer de respect ; pas plus que ne lui manquaient de respect ces passants galiléens qui, durant les jours de son ministère, s'approchaient de lui, attirés par la foule, et s'en retournaient parfois donnant gloire à Dieu.

Jésus, cela est à remarquer, a beaucoup plutôt montré que défini ce qu'il était. Il a voulu fonder la foi en sa divinité, non point essentiellement sur des déclarations, mais sur des faits et sur la connaissance profonde de son humanité même. Soyons fidèles à cet exemple, et sachons que le plus sûr moyen de manquer de respect à Jésus-Christ, serait de mettre le moindre voile entre lui et nous, et de laisser croire à nos adversaires que nous craignons de nous trop approcher de lui.

II

Il y a deux manières d'étudier un grand caractère. On peut l'étudier en lui-même, dans l'histoire de son développement, dans l'impression immédiate qu'il a produite. On peut l'étudier dans la trace qu'il a laissée. C'est ainsi que pour arriver à apprécier le caractère du Christ, nous pouvons, soit examiner les documents qui nous rapportent sa vie, soit étudier l'Église et conclure du caractère de l'œuvre à celui de l'ouvrier. De ces deux manières, la seconde est aussi légitime que la première. Il est évident que si l'Église chrétienne a été fondée, comme nous le croyons, non par un mélange de certaines idées, mais par l'action personnelle du Christ, nous devons retrouver en elle les traits de son fondateur, et que si elle a, par exemple, fait surgir dans le monde une humilité, une pureté morale, une charité nouvelles, nous serons parfaitement en droit de conclure que le Christ était humble, saint et charitable. Les liens qui unissent le philosophe Zénon à toute l'école stoïcienne sont incontestablement moins étroits que ceux qui rattachent l'Église à Jésus. Qui ne s'étonnerait, pourtant, s'il entendait attribuer à Zénon la lâcheté et l'intempérance ?

De ces deux méthodes, nous suivrons la première, plus directe et par conséquent plus sûre. Nous rechercherons dans les évangiles quel fut le caractère du Christ. Si nous ne nommons que les évangiles, c'est qu'en effet il n'existe en dehors d'eux aucune source sérieuse qui soit de nature à fournir à notre travail aucun élément nouveau[2]. Certaines lettres de Paul contiennent, il est vrai, sur Jésus, des allusions précieuses, à bien des égards, mais qui, pour les unes (1 Cor. XI, 23-27), n'ajoutent rien à ce que les évangiles nous apprennent au sujet du Christ et, qui, pour les autres (1 Cor XV, 3-8), ne peuvent servir au but spécial que nous nous sommes proposé. Le Christ de Paul est avant tout le Christ céleste : « Si nous avons connu le Christ selon la chair, dit-il, nous ne le connaissons plus de cette manière. »

Les Pères apostoliques ne renferment, nous nous en sommes assuré, aucune parole du Christ, ni aucun trait de sa vie qui n'ait un parallèle plus ou moins littéral dans nos évangiles canoniques, et quant aux passages souvent cités de Tacite et de Josèphe, en admettant même que le fameux, passage de Josèphe n'ait pas été remanié, ils ne nous apprennent absolument rien sur ce que nous voulons savoir.

Nous en sommes donc réduit aux évangiles. Nous n'avons pas à en justifier ici la crédibilité, nous la regarderons comme établie pour le lecteur comme elle l'est pour nous-même. Nous nous bornerons à deux observations.

Quelle que soit la valeur que l'on attribue aux travaux de la critique moderne, on peut dire hardiment que cette critique ne nous a pas enlevé nos évangiles. Toute réserve faite quant à la prudence que nous commande à l'égard de certains passages, d'ailleurs fort peu nombreux, de ces évangiles le simple aspect des anciens manuscrits du Nouveau Testament ; toute réserve faite également à l'égard de la question si délicate de la composition de nos livres ; cette critique ne nous a apporté aucun argument net, absolu, définitif, qui soit de nature à modifier la confiance de l'Église en la valeur pleinement historique de ces documents. Nous n'en voulons d'autre preuve que la contradiction qui règne au sein de cette critique que l'on cherche parfois à nous présenter comme unanime, et dont les théories, en ce qui concerne nos évangiles, bien loin de se prêter main-forte, tendent à se détruire réciproquement[3]. Telle est notre première observation. Voici maintenant notre seconde.

Nous n'ignorons pas qu'une des plus grandes questions agitées maintenant sur le terrain de la théologie critique est celle de savoir si nos Évangiles nous offrent de Jésus une seule et même image, ou s'il n'y aurait pas, notamment entre le Christ de *saint Jean* et celui des *Synoptiques*, une différence qui ne permettrait pas de mettre dans un travail comme le nôtre ces sources au même niveau[4] ? Nous ne perdrons pas de vue un instant cette grave question dans tout le cours de notre étude, et nous croyons que le meilleur moyen d'y répondre sera cette étude même si, comme nous l'espérons, elle aboutit à une image simple de la personne du Sauveur, car nous nous proposons d'y faire usage de *saint Jean* aussi bien que des *synoptiques*. Il est d'ailleurs un fait qui nous paraît, disons-le tout de suite, préjuger la question que nous venons d'indiquer. La piété chrétienne se nourrit de nos quatre évangiles canoniques, et toutefois ne connaît qu'un Christ. La portée de ce fait est considérable. Il y a chez le peuple, comme chez l'enfant, un instinct qui défie en finesse la meilleure critique. On peut dire de lui ce que Jésus dit de ses brebis : Il ne suivra point un étranger. Or, si l'opinion dont nous avons parlé avait raison, si le Jésus de *saint Jean* était autre que celui des trois premiers évangiles, il faudrait admettre que depuis plus de quinze siècles le peuple chrétien appelle sans s'en douter un étranger du nom de son maître et les confond tous deux, le maître et l'étranger dans une même adoration[5]. Un pareil malentendu serait non seulement sans précédent dans l'histoire, mais aurait encore l'histoire contre lui. On sait, en effet, qu'aux premiers siècles de notre ère, à côté de nos Évangiles, avaient cours, sur la vie de Jésus, des documents, pour la plupart perdus pour nous, et qui nous offraient de leur héros des images distinctes. Les uns en faisaient un prophète juif, d'autres un être qui, dès le début de sa carrière, avait montré une nature absolument distincte de l'humanité. Mais aussi l'Église chrétienne ne s'y trompait pas ; elle ne confondait pas ces documents si divers en un même respect. Les ébionites laissaient aux docètes, et réciproquement, non seulement leur Christ, mais encore leurs Évangiles.

Ce que nous venons de dire ne nous empêche pas de reconnaître que le point de vue auquel se place chacun de nos quatre évangiles pour nous présenter le caractère de Jésus, est loin d'être le même[6]. Déjà dans le groupe des synoptiques, nous aurions à relever de notables différences.

Pour *Matthieu*, Jésus est à la fois l'homme de la loi et l'homme de la douleur ; celui qui d'une main implacable a déchiré tous les voiles qui couvraient la fausse justice de son temps (V, VI, VII, XI, 21-24 ; XII, 30-45 ; XXIII), et qui, doux et humble de cœur (XI, 28-30 ; XII, 18-20), a accompli lui-même toute justice (III, 15) et courbé la tête sous les misères de ses frères (VII, 17). Sublime image, en présence de laquelle nous ne savons qu'admirer davantage, de la force ou de la faiblesse dont elle porte l'empreinte ; des contrastes qu'elle nous offre ou de l'harmonie profonde où tous ces contrastes viennent se réunir[7].

L'évangile de *Marc* nous offre moins de richesses. Nous n'avons à traiter ici ni de sa composition ni de son auteur. L'on s'accorde assez généralement aujourd'hui à regarder cet évangile comme composé sous l'influence de l'apôtre Pierre. Nous ne saurions rien des raisons extérieures que l'on allègue à l'appui de cette opinion, que déjà l'image que ce livre nous fournit de la personne du Sauveur nous ferait penser à Pierre. Le Christ de *saint Marc* a bien, en effet, tous les traits qui devaient le plus séduire l'âme passionnée de l'ardent apôtre. Il est indépendant, il est fort, il ne recule devant aucun obstacle. C'est bien là le Roi de la nature et de l'humanité. Son début a quelque chose d'impétueux. Dès ses premiers pas il se montre pour ce qu'il est. Il s'annonce en s'écriant : *Le temps est accompli* (I, 15) ! Par ses paroles, par ses actes, il provoque tout d'abord l'étonnement sur son passage (I, 22-27). Tout cède devant lui. À peine s'est-il manifesté que déjà « tous le cherchent » (I, 37) et qu'il s'écrie : « Allons aux bourgades voisines afin que j'y prêche aussi, car *je suis venu pour cela !* » (I, 38) S'il rencontre, dans son œuvre de miséricorde, quelque résistance de la part d'un formalisme sans cœur « il regarde tout autour de lui avec indignation » (III, 5). Ses parents, au bruit de sa renommée, sortent pour se saisir de lui, le croyant hors de sens (III, 21), et les scribes, venus de Jérusalem, le voyant s'écrient : Il a un démon[8] ! (III, 22)

Plus douce, plus complète aussi est l'image du Christ que nous offre l'*évangile selon saint Luc*. Marc nous avait transportés tout à coup en plein sanctuaire ; *Luc* nous y conduit pas à pas et si graduellement que lorsque nous y avons pénétré, nos yeux sont à peine étonnés de tant de lumière. Mais on se tromperait fort en ne voyant en Luc que l'évangéliste qui a voulu écrire *par ordre* les choses « que Jésus a faites et enseignées. » Il est conduit, lui aussi, qu'il en ait ou non conscience, par un point de vue particulier. Il est un trait du Christ qui évidemment le domine ; c'est son *active et universelle miséricorde*. Le Christ de *saint Luc* est ce berger qui s'en va à la recherche de la brebis qu'il a perdue, qui, l'ayant trouvée, la charge sur ses épaules avec joie et, appelant ses amis et ses voisins, s'écrie : « Réjouissez-vous avec moi, car j'ai trouvé ma brebis qui était perdue (Luc XV, 4-6) ! Il est celui qui a donné au monde les paraboles de l'*Enfant prodigue*, du *pauvre Lazare*, du *bon Samaritain*. Il est l'homme de prière, passant ses nuits à intercéder pour les siens (IV, 42 ; V, 16 ; VI, 12 ; IX, 18 ; XI, 1 ; XXII, 32), et priant pour ceux qui le mettaient à mort (XXIII, 34). Il est le *Sauveur* qui, mis en croix, trouve encore, dans un des malfaiteurs crucifiés avec lui, un objet de son amour rédempteur.

Si maintenant nous ouvrons le quatrième évangile, nous devons reconnaître tout d'abord qu'il fournit à un travail du genre du nôtre moins de matériaux que les précédents. L'Évangile *selon saint Jean* est, selon nous, la pierre angulaire du témoignage apostolique, en ce qui touche le Christ, et nous sommes bien convaincu que le plus grand théologien de notre siècle[9] était admirablement inspiré le jour où il annonçait à ses étudiants de Berlin que la critique, loin d'ébranler notre confiance en cet Évangile nous forcerait, en définitive, à lui rendre de jour en jour une justice plus éclatante. Oui, nous avons dans le quatrième évangile l'œuvre suivie, achevée d'un témoin oculaire de la vie de Jésus, et ce témoin fut *le disciple que Jésus aimait*. Il y a là de quoi assigner devant la critique une place à part à cet évangile. Mais comment ce livre ne se ressentirait-il pas de sa composition tardive ? Comment un témoignage émané d'un disciple qui a déjà blanchi glorieusement au service de son Maître, un témoignage rendu au sein d'une Église éprouvée dans sa foi, porterait-il l'empreinte de naïf étonnement et, nous dirions presque de candide impartialité, qui marque à chaque page les récits plus anciens et aussi moins *personnels* dans leur source des premiers évangiles ? Comment le quatrième évangile n'abonderait-il pas en traits qui, obscurs pour les contemporains de Jésus, ne devaient être saisis que plus tard dans toute leur portée[10]. Comment le vieil apôtre n'entretiendrait-il pas des lecteurs qu'il a à fortifier contre la persécution et contre l'hérésie, aussi bien du Christ éternellement présent au milieu des siens que de celui qu'il a vu des yeux de sa chair[11] ? Or, l'impression que Jésus produisit sur ses contemporains est un des plus précieux éléments que nous ayons à mettre en œuvre dans notre travail, et le Jésus dont nous voulons essayer de retracer le caractère est, exclusivement, Jésus de Nazareth tel qu'il fut aux jours de sa chair.

Malgré cela, l'évangile de Jean fait ressortir à nos yeux, avec une réalité saisissante, l'humanité de Jésus et notamment un côté de son caractère qui, sans cet évangile, fût resté dans l'ombre. Il nous montre le Christ aux prises avec un monde qui lui était bien plutôt hostile que favorable, entouré du cercle étroit de ses disciples, et se consacrant à eux jusqu'à la dernière heure. Il y a plus : si l'évangile de Jean nous fournit moins que les trois autres de traits épars et pittoresques du caractère du Christ, il emprunte à la *personnalité* de son auteur une unité de conception que les synoptiques ne connaissent pas au même degré, et ce sera peut-être à lui que nous devrons demander le secret de la nature intime du Christ.

Nous venons d'indiquer l'attitude particulière de chacun de nos Évangiles en face de la personne du Christ. Ce sera l'objet essentiel de notre étude, de montrer quelle est l'image qui se détache de ces conceptions diverses. Mais nous ne saurions terminer ces préliminaires, sans dire quelques mots de la forme sous laquelle nos évangiles nous présentent le caractère de Jésus-Christ.

Cette forme est étrange ; nous la remarquerions bien davantage si nous y étions moins habitués. Ce qui nous frappe, tout d'abord en elle, c'est sa *sobriété*. Les évangiles, sauf quelques passages, peu nombreux[12], ne renferment aucune appréciation du Christ, et encore ces passages exceptionnels sont-ils exempts de toute solennité ; ce sont de simples impressions jetées dans le courant du récit et le plus souvent des rapprochements avec l'Ancien Testament brièvement indiqués. « Jamais on ne nous dit, observe Channing[13], que telle circonstance montre la grandeur du Christ. Les évangélistes écrivent avec une foi calme en Jésus, avec le sentiment qu'il n'a besoin d'aucun secours de leur part, et avec une vénération profonde, comme si les réflexions et les louanges n'étaient pas dignes d'être mêlées au récit d'une telle vie. » Oui, cette sobriété des évangiles est d'autant plus remarquable qu'on ne peut l'attribuer à l'indifférence et que leurs auteurs étaient manifestement des hommes aussi convaincus de la haute mission que Jésus s'attribuait — que l'était Xénophon de l'innocence de Socrate ; et cependant, que l'on relise, à ce point de vue, une page des *Memorabilia* après une page de *Matthieu* : — D'un côté quelle tension, quelle recherche avouée de tout ce qui peut jeter la plus pure lumière sur le caractère attaqué du grand philosophe, — de l'autre quel abandon et, tranchons le mot, quelle confiance en la vérité ! Il semble que les évangélistes soient encore, en quelque mesure, sous le coup de la défense que fit Jésus à tant de reprises à son entourage, de proclamer trop tôt au-dehors sa vraie dignité. Ils sentent bien qu'ils ne gagneraient rien à dire bien haut qui était leur Maître, et à en exprimer leur admiration. Ils comprennent que le meilleur moyen de le défendre est de le montrer tel qu'ils l'ont vu.

C'est ce qu'ils font, en effet, et encore avec une réserve qui a de quoi nous étonner. Ils ne touchent pas tous à cette période de la vie de Jésus qui précède celle de son ministère public, et ceux d'entre eux qui nous y transportent ne nous y laissent pas longtemps. Il y a plus, que nous disent-ils sur ce ministère déjà si court ? Fort peu de chose, eu égard à ce qui le remplit, car d'une part les évangiles contiennent des allusions à des faits qu'ils ne nous racontent pas[14] et de l'autre, ils ont eux-mêmes conscience de leur brièveté, d'ailleurs évidente[15]. Qu'il serait petit, en effet, le volume que l'on ferait avec les quatre opuscules qui contiennent à peu près tout ce que nous savons de la vie du Sauveur du monde ! Ce n'est pas tout encore : ces matériaux, déjà si peu considérables, nous sont présentés, en particulier par les synoptiques, dans un grand désordre. — C'est là un fait qui ne peut faire aucun doute pour personne. — Il suffit de lire en parallèle les trois premiers évangiles pour se convaincre, qu'à part quelques grandes lignes, l'ordre dans lequel ils nous donnent soit les paroles, soit les actes de Jésus, leur est à peu près indifférent.

On le voit, rien de plus défavorable, en apparence, à une conception simple, plastique, de la figure du Christ, que la forme des documents qui nous la présentent. Rien, selon nous, de plus favorable en réalité. Je suppose que je veuille saisir d'une manière exacte le caractère d'un homme qui jette, ou ait jeté quelque éclat. Irai-je rechercher ce que l'on dit de lui, même sincèrement ; ferai-je en sorte de lire quelque histoire suivie, raisonnée de son activité ? Je pourrais, en m'en tenant là, arriver à me faire l'idée la plus fausse de sa personnalité. — Non, j'écarterai, autant que possible, tout intermédiaire entre lui et moi : j'irai le chercher dans ses lettres, s'il en existe de lui, dans les mots qui lui sont échappés alors que son âme ne pouvait autrement que se révéler en quelque mesure ; dans ses actes les plus simples et les plus spontanés. S'il est vivant, j'essayerai de le voir, ou bien plutôt de le surprendre, et ce ne sera que lorsque moi-même je l'aurai vu quelque temps se mouvoir devant moi, que je pourrai, en quelque mesure, dire que je le connais[16].

C'est à un pareil spectacle que nous convient les évangiles. En les parcourant, nous assistons, comme *incognito*, à la vie de Jésus. Grâce à leur sobriété, à leur désordre même, à la nature inculte et enfantine de leurs auteurs, ils n'exercent sur leur lecteur aucun genre de despotisme. Ils ne veulent solliciter notre jugement que par la seule splendeur de leur vérité. Sagesse admirable ! Respect sublime du Dieu libre pour sa libre créature ! Double triomphe, si du sein de tant de désordre, nous voyons surgir une image pleine d'harmonie et de puissance !

LE CARACTÈRE DE JÉSUS-CHRIST ENVISAGÉ DANS SON DÉVELOPPEMENT

Tout caractère humain a son histoire, et dans cette histoire peuvent se marquer deux phases, ou, si l'on veut, deux *moments* principaux : le moment du développement et celui de la maturité. Ces deux moments sont d'autant plus appréciables qu'il s'agit d'un caractère plus normal ; mais ce serait entreprendre, dans l'étude d'un caractère, une œuvre chimérique, que de vouloir les séparer absolument dans l'ordre du temps, que de vouloir marquer avec exactitude l'époque où le premier de ces moments finit et où le second commence. À vrai dire, nous ne cessons jamais de nous développer, dans un sens ou dans l'autre, et longtemps après l'époque plus ou moins précise où nous atteignons à ce que l'on peut appeler la plénitude de notre individualité, la vie nous tient encore en réserve de ces rudes combats dont nous sortons toujours plus riches ou plus pauvres que par le passé.

Cela nous conduit à nous demander si l'on peut parler de développement dans une étude sur le caractère du Christ.

Dans le cas où nous voudrions demander par là si, à une époque donnée de sa vie, Jésus n'aurait point traversé quelque crise intérieure dont il serait sorti en rompant avec son passé, — nous aurions à répondre sans hésiter : Non, à ce point de vue, le caractère de Jésus ne s'est point développé. Nous savons fort peu de chose sur la période de sa vie qui a précédé celle de son activité publique, mais ce que nous en savons et le silence même qui entoure pour nous cette période, nous laisse une impression pleine de paix et d'harmonie. Nulle part, en outre, Jésus ne fait sur son passé le moindre retour qui ressemble à un regret, encore moins à un remords, et pourtant, tout ce que nous savons de son caractère nous oblige de reconnaître que si un pareil retour eût eu la moindre raison d'être, il avait trop de clairvoyance morale pour ne pas le sentir, et trop d'humilité pour ne pas l'exprimer devant les autres. Nulle part, non plus, nous ne voyons qu'il ait produit sur son entourage une pareille impression ; et avec quel empressement une partie de cet entourage (notamment ses frères qui ne croyaient pas en lui) n'eût-elle pas saisi l'occasion de le mettre en contradiction avec lui-même ! Nous ne saurions voir dans l'épisode de l'enfance de Jésus que nous rapporte saint Luc (ch. II, 43-50) le moindre indice d'une chute qui lui eût été reprochée et dont il aurait eu à se repentir, non plus que celui d'une crise morale et religieuse à partir de laquelle Jésus eût refusé à ses parents une obéissance qu'il eût réservée dès lors à son Père céleste. La scène du temple est la manifestation toute naturelle d'un rapport particulier de Jésus avec Dieu, rapport dont Jésus avait déjà conscience[1], que ses parents devaient apprendre à respecter et qui n'excluait en aucune manière, ainsi que la suite le montra bien, l'obéissance que devait Jésus à Joseph et à Marie[2]. — Si plus tard Jésus voulut se mêler aux rangs de la foule qui venait recevoir de Jean le baptême de repentance, cet acte ne saurait impliquer de la part de Jésus un aveu de péché ou comme un retour à une humilité qu'il n'aurait pas toujours gardée. Qu'on se rappelle la confusion de Jean-Baptiste lorsque Jésus se présenta à lui pour être baptisé : C'est moi, s'écria-t-il, qui ai besoin d'être baptisé par toi, et tu viens à moi ! (Matth. III, 14) Qu'on se rappelle l'éclatant démenti que recevait d'avance, par l'acte solennel qui termina le baptême, toute pensée qui aurait tendu à confondre Jésus avec la foule des pénitents, et qu'on veuille bien enfin ne pas oublier la réponse par laquelle Jésus mit fin à l'humble résistance de Jean : « Il nous convient ainsi, dit-il, d'accomplir toute justice. » (Matth. III, 15) Oui, tel était le rôle que le Christ avait accepté : accomplir toute justice au nom de ses frères. Or, à ce titre, c'était pour lui un début digne de son œuvre que de se mêler aux rangs de ses frères, de baisser la tête sous le poids de leurs péchés, et, s'il m'est permis de dire le mot qui me paraît ici le mot propre, de s'en repentir comme si lui-même les eût commis. Vouloir se faire une idée du caractère du Christ, tout en perdant de vue la mission qu'il avait prise, serait tenter l'impossible ; ce serait s'exposer à se heurter constamment à des faits qui restent inexplicables tant qu'ils ne sont pas éclairés à la lumière du salut que le Christ a voulu apporter à l'humanité.

Non seulement les Évangiles ne contiennent aucun indice qui nous conduise à l'idée que Jésus ait eu à renier aucune partie de son passé, mais encore rien en eux ne nous porte à croire que le caractère de Jésus ait subi aucune modification. Il est vrai, ainsi que nous l'avons constaté, que la période de la vie de Jésus sur laquelle porte la majeure partie des renseignements des évangiles est fort courte et que ces renseignements nous sont présentés dans un ordre qui n'est pas toujours celui du temps. Néanmoins, nous avons essayé de nous attacher, à diverses reprises, à tel trait important du caractère de Jésus, par exemple à cette humilité qu'il s'attribue à lui-même (Matth. XI, 29), et qui lui faisait dire qu'il était venu pour servir et non pour être servi (Matth. XX, 28), ou bien encore à l'autorité avec laquelle il revendiquait le droit de disposer de ses disciples (Luc XIV, 27), — et de relire, à ce point de vue, un de nos évangiles, — eh bien ! jamais nous n'avons rien trouvé dans notre lecture qui ne fût pas dans une merveilleuse harmonie avec le trait particulier que nous avions choisi.

Conclurons-nous de ce qui précède que le caractère de Jésus ne connut point de développement ? En aucune manière. Nous croyons, au contraire, qu'il se *développa,* dans le sens le plus vrai, le plus élémentaire de ce mot, c'est-à-dire que, selon la loi de tout ce qui a vie en ce monde, riche, dès l'abord, de tous ses éléments, il les manifesta graduellement dans toute leur lumière.

Luc nous le dit expressément : Jésus « *croissait et se fortifiait en esprit* » (Luc II, 40) ; « *il s'avançait en sagesse, en stature et en grâce devant Dieu et devant les hommes* » (v. 52), expression pleine de toute la fraîcheur et de tout le charme d'une véritable enfance. Rien de plus contraire, en effet, à l'impression que nous laissent les évangiles sur Jésus enfant que l'image pédantesque et discordante que nous offrent quelques évangiles *apocryphes*, d'un Messie qui, dès le berceau, fait des miracles et apprend à lire à son maître d'école. L'enfant de nos Évangiles est un véritable enfant qui, dans son humilité, réjouit Dieu et les hommes par l'heureux développement d'un corps robuste et sain, et d'un esprit qui s'ouvre graduellement au monde invisible comme au monde des choses terrestres. Aucun indice ne saurait nous donner à penser qu'il n'eut pas besoin d'apprendre. Le seul trait de son enfance qui nous en ait été conservé, nous le montre au contraire : « Assis au milieu des docteurs, les *écoutant et les interrogeant* » (Luc II, 46). Oh ! sans doute, il devait y avoir dans les questions naïves de cet enfant sur la vie et sur l'Écriture, quelque chose qui devait porter un trouble singulier dans la conscience de ces vieux docteurs, blanchis à l'étude de mesquines questions légales. Il devait y avoir dans le regard que Jésus attachait sur eux, comme une anticipation du mot du Maître à Nicodème : « Tu es docteur en Israël et tu ne sais pas ces choses ! » Et ne savons-nous pas nous-mêmes tout ce que peut remuer en nous de questions et de souvenirs le regard étonné d'un enfant ? Mais Jésus ne sortait pas pour cela du monde de l'enfance, et si l'évangéliste ajoute que « tous ceux qui l'entendaient s'étonnaient de sa sagesse et de ses réponses, » il n'y a rien là qui tende à revêtir pour nous l'enfant de Nazareth de la robe du docteur. Ajoutons que plus tard, lorsque déjà il a mis une main énergique à son œuvre de Rédempteur, nous le retrouvons soumis à la même loi. Il interroge, il s'informe encore, et, sans jamais accepter pour cela une position de dépendance à l'égard de l'homme, il apprend[3].

I

On ne saurait prétendre que ce que Jésus apprenait par cette voie naturelle fût indifférent au développement de son caractère. Quoi ! il eût vécu, comme tout Israélite enfant, dans l'austère et religieuse compagnie des anciens prophètes de son peuple, et le contact de ces hommes de Dieu n'aurait rien éveillé en lui ! Il eût contemplé la sainte colère d'un Élie et, en présence d'un peuple égaré comme au temps d'Achab par ses conducteurs, il n'en eût pas lui-même ressenti les atteintes[4] ! Il eût entendu retentir les bords du Kébar de la grande voix d'un Ézéchiel annonçant aux Israélites exilés, en même temps que le plus terrible jugement, la plus merveilleuse délivrance, et il n'en eût pas tressailli d'une douleur et d'une joie nouvelle ! Il eût vu passer devant lui plus d'une fois, en lisant le prophète Ésaïe, l'image du vrai serviteur de Dieu, l'âme navrée sous le poids des forfaits de ses frères, méconnu des hommes mais soutenu par Dieu et portant la lumière jusqu'aux extrémités de la terre, — et l'immense compassion dont il devait sentir son âme envahie en présence d'un tel tableau n'eût rien fait pour lui révéler et ce qu'il était et ce que son père exigeait de lui ! Lorsqu'un jour, apercevant Jérusalem, il devait s'écrier : « Jérusalem, Jérusalem, qui tues les prophètes, et qui lapides ceux qui te sont envoyés, combien de fois ai-je voulu rassembler tes enfants, comme la poule rassemble ses poussins sous ses ailes, et vous ne l'avez pas voulu ! » (Luc XIII, 34), la mémoire du vieux Jérémie avertissant son peuple et plus tard pleurant sur les ruines de la ville qu'il aimait, ne devait-elle donc être pour rien dans cette plainte ! Dirons-nous que le souvenir, encore brûlant en Israël, du bouillant héroïsme et de la glorieuse défaite d'un Judas Macchabée ne trouva que peu d'écho dans son âme et, tout en éveillant un ardent amour pour sa malheureuse patrie, ne contribua pas aussi à lui révéler, par un douloureux contraste, de quel côté était, pour Israël, la vraie liberté ? En aucune manière ; nous dirons bien plutôt qu'à l'école d'un passé aussi éloquent par ses ruines que par ce que le temps n'en pouvait détruire, l'enfant de Nazareth devait sentir tous les jours davantage combien il tenait à ce passé par ses racines mêmes, et à quel point aussi il lui échappait.

L'histoire du peuple d'Israël, histoire qui empruntait à la religion, à la fois tout son intérêt comme tout son caractère, cette histoire, disons-nous, était en effet l'un des premiers éléments dont nous eussions à tenir compte parmi ceux qui ont concouru extérieurement au développement du caractère de Jésus. Il est un de ceux dont nous pouvons le mieux retrouver plus tard les traces, soit dans la vie, soit dans les paroles du Christ. Que de traits en lui, — nous y avons touché, — viennent nous rappeler ce qu'avaient de meilleur les pieux héros d'Israël[5] ! Que de fois il en appelle à l'Ancien Testament et quel parti il sait en tirer, soit pour se justifier lui-même, soit pour confondre ses adversaires[6].

Nous n'avons, par contre, aucune raison de croire qu'il ait jamais eu le moindre contact avec la culture païenne, et jamais eu l'occasion d'apprendre quelque chose sur l'histoire des peuples étrangers à Israël et sur leur religion, comme ce fut, au contraire, le cas de Paul. Nous ne saurions nous en étonner. Une longue domination étrangère, dont on connaît les phases, avait imprimé à l'indifférence que le Juif devait, en tout temps, de par la loi, à toute culture profane, quelque chose de farouche et de haineux. Le Juif, au temps de Jésus, ne veut pas savoir quels dieux adore son vainqueur. Il n'en parle jamais, il ne le demande même pas à celui qu'il tiendrait le plus à faire tomber en quelque embûche ; l'Évangile est tout rempli de ce silence. — La curiosité peut le regretter en ce qui concerne le Christ. — Combien il nous eût été précieux de posséder l'enseignement moral et religieux qu'il eût tiré de l'histoire des peuples païens ! Quel puissant rayon de lumière sa parole eût projeté pour nous sur tout ce passé ! Quels termes il eût trouvés pour en flétrir les souillures ; avec quelle compassion et quel frémissement de joie il eût recueilli, pour nous les montrer, les paillettes d'or que contenaient ces décombres ! Mais nous ne saurions voir en quoi une pareille science eût enrichi son caractère et l'eût mieux armé pour l'œuvre qu'il voulait accomplir. Pour ignorer l'histoire du monde païen, ignore-t-il ce monde lui-même ? Participe-t-il à un seul des préjugés nationaux de ses contemporains ? En a-t-il moins clairement conscience que son œuvre de salut doit embrasser le monde entier[7] ? Repousse-t-il les païens qui viennent à lui ? Quelle joie ne lui cause pas, au contraire, la foi de ce capitaine romain dont il guérit le serviteur malade ; et s'il semble repousser au premier abord la femme cananéenne n'est-ce point, ainsi que le montre la suite, pour exciter son insistance et pour mieux lui faire mesurer la grâce dont elle va être l'objet ?

C'est qu'il est une science qui domine et on peut le dire, embrasse celle de l'histoire de l'humanité, c'est la science de l'homme lui-même, de l'homme dans ce qui fait le fond de son être, de l'homme dans ce qu'il a de permanent. Or, cette science, qui dira que Jésus ne l'avait pas, et dans une mesure unique ? Qui marqua mieux que lui ce qui, dans tous les siècles et sous toutes les latitudes, apporte aux nations comme aux individus la vie et la mort ? Qui, comme lui, sut traîner au soleil les perpétuels sophismes du cœur de l'homme, aux prises avec la vérité, et trouver pour les confondre de ces mots auxquels aucune culture ne saurait rien ajouter ? Oui, Jésus se sait, se veut citoyen du monde entier ; sans renier son titre d'enfant d'Abraham, le nom dont il s'appelle de préférence est celui de *Fils de l'homme ;* il se sent dans une vivante communion avec la famille humaine, il porte dans son sein l'immense souci de ses misères, de ses douleurs, et nous ne voyons pas en quoi une connaissance plus concrète des événements et des idées qui ont agité jusqu'à lui l'humanité eût pu lui servir à la mieux connaître et à mieux lui appliquer sa miséricorde.

Nous voyons mieux, nous semble-t-il, pourquoi il fallait qu'il ne fût point étranger à l'histoire d'Israël. C'était au sein d'Israël que Jésus voulait fonder son royaume spirituel et allumer le foyer qui devait peu à peu embraser le monde[8]. C'était à Israël qu'il devait se présenter comme celui qui réalisait toutes les promesses du passé. Comment eût-il pu le faire, s'il eût ignoré ces promesses[9] ; s'il n'en eût pas lui-même, le premier, tressailli ; si tout, dans sa personne, ne l'eût pas désigné pour l'héritier légitime de cette humble et noble race qui d'Abraham à Jean-Baptiste avait représenté, au sein d'un peuple souvent infidèle à sa mission, l'Israël suivant le cœur de Dieu ?

Gardons-nous toutefois d'exagérer le rôle que dut jouer dans le développement du caractère de Jésus l'étude du passé. Les allures de Jésus, son indépendance à l'égard de tout ce qui est artificiel et convenu, la fraîche saveur, le tour presque toujours imprévu de ses paroles, les hommes même dont il s'entoure et qui sont presque tous, au moins, des hommes incultes, la liberté entière qu'il se réserve vis-à-vis de ceux qui représentent en Israël la science religieuse et qu'il étonne et déroute, bien plutôt par la puissante spontanéité de son sens religieux que par l'étendue de ses connaissances, — tout en lui parle bien plutôt de nature que d'art et nous révèle un homme qui s'est assis plus souvent à l'école de la vie qu'à celle des docteurs[10].

II

Cela nous conduit à indiquer un second élément qui dut singulièrement influer sur le développement de Jésus, nous voulons parler de ses relations avec ses contemporains. Il est hors de doute qu'il s'est largement mêlé à eux ; son enseignement est tout parsemé d'images empruntées à leurs habitudes. « Il observait avec soin ce qui se passait autour de lui ; rien ne lui était indifférent. Même ce qui pouvait paraître le plus insignifiant dans les relations sociales et dans les choses de la vie ordinaire : le levain jeté dans trois mesures de farine ;

la pièce de drap neuf appliquée à un vêtement usé ; le vin nouveau mis dans de vieux vaisseaux ; les petits oiseaux vendus au marché, et le prix auquel on les achetait ; les drames de la vie domestique, les désordres des cadets de famille ; et les tromperies des économes : Rien de tout cela n'échappait à son attention[11]. » Dans un langage toujours élevé, presque toujours poétique, il parle au peuple comme un enfant du peuple, qui a vécu de sa vie, qui a connu ses travaux, ses joies, ses peines, — et lorsqu'il s'adresse aux grands, il trouve pour les atteindre des paroles qui prouvent qu'il les a vus de bien près. Rien n'échappe à l'extraordinaire pénétration de son regard. « Jésus, dit saint Jean, ne se fiait point à eux, car il les connaissait tous, et il n'avait pas besoin que personne lui rendît témoignage au sujet d'aucun homme, car lui-même connaissait ce qui était en l'homme » (Jean II, 24-25). Qui n'admirerait le tact profond et sûr avec lequel il va saisir, en dépit d'une apparence souvent trompeuse, la secrète pensée des cœurs ? Il lui suffit d'un regard pour reconnaître en Nathanaël une âme débonnaire, en Nicodème un humble et droit désir de recevoir quelque instruction spirituelle, mêlé à une ignorance absolue des éléments de la vie morale ; en Zachée un cœur ardent à la recherche de la vérité. — Avec quelle merveilleuse intuition il sait découvrir sous une question insidieuse le secret dessein d'un cœur pervers, et couvrir de confusion celui qui croyait abuser de lui[12]. Avec quel art vraiment royal, avec quelle magistrale connaissance du cœur de l'homme il sait faire tourner au profit de sa mission le moindre entretien[13] et prendre la place du maître là où l'on eût voulu lui imposer celle de disciple[14] !

Ces traits et d'autres que nous pourrions y ajouter nous montrent en Jésus une pénétration qui n'était point, à coup sûr, le fruit de l'expérience, mais que l'expérience avait exercée, exerçait sans cesse. Jésus ne se lassait pas d'étudier l'homme. Tel nous l'avions vu jeune enfant, interrogeant les docteurs et fixant sur eux un regard empreint d'une attention sérieuse et candide, tel nous le retrouvons homme fait, debout, silencieux, près de la porte du temple, observant le peuple qui passait auprès du tronc des offrandes et cherchant à lire au visage de chacun l'histoire de sa vie et la disposition secrète de son âme[15]. Ce regard a toujours cette pureté profonde qui en fait un miroir admirablement fidèle de tout ce qui vient à passer devant lui, mais, au sérieux austère répandu sur ces traits, au nuage de tristesse qui vient de temps à autre voiler ce front, — nous reconnaissons l'œuvre des années.

Mais revenons. Parmi ceux dont le commerce contribua à former le caractère de Jésus, comment ne pas mettre au premier rang l'humble et pieuse femme qui fut sa mère ? L'Évangile est très sobre en ce qui touche Marie. — Il semble qu'il soit des caractères qui, par leur humilité même, commandent une discrète réserve à qui serait tenté de les mettre au grand jour, — le récit sacré nous en dit assez pourtant pour que nous ayons en Marie ce type admirable de religieuse pureté et de maternelle tendresse devenu pour la piété du simple, comme pour le pinceau de l'artiste, une source d'inspiration qui est loin d'être épuisée. Notre intention n'est pas d'essayer ici, ne fût-ce qu'une faible ébauche de l'image de Marie ; nous ne voudrions que relever brièvement à quel point les traits principaux de cette image trouvent leur parallèle dans celle du Christ.

Marie fut humble ; lorsque nous la voyons apparaître pour la première fois, elle sort pour nous de l'obscurité même. Rien n'est plus touchant que le candide étonnement qu'elle éprouve en présence de la mission à laquelle elle se voit appelée. Elle l'exprime à plusieurs reprises dans le beau cantique que Luc nous a conservé. « Mon âme, s'écrie-t-elle, magnifie le Seigneur, et mon esprit se réjouit en Dieu qui est mon Sauveur ; parce qu'il a regardé la bassesse de sa servante, » et plus loin : « Il a élevé les petits » (Luc I, 46-48, 52). — Comment ne pas nous reporter, à ce propos, à l'obscur commencement du Christ, à ce trait de son caractère si bien rendu par le prophète lorsqu'il dit : « Il est monté comme un rejeton, il n'y a en lui ni forme ni apparence quand nous le regardons, il n'y a rien en lui qui le fasse regarder (Ésaïe LIII, 2) ; il n'élèvera point sa voix dans les rues » (Ésaïe XLII, 2).

Un autre trait que nous relèverons en Marie, c'est son obéissance. « Voici, dit-elle à l'ange, la servante du Seigneur ; qu'il me soit fait selon ce que tu as dit » (Luc I, 38), — et il semble que ce mot de la mère ait été comme la devise de toute la vie de l'enfant. « Père, dit Jésus, s'il est possible, que cette coupe passe loin de moi ; toutefois, non point ce que je veux, mais ce que tu veux » (Matth. XXVI, 39).

C'était aussi une coupe amère que celle que Marie devait boire ; le baptême de l'opprobre et du sacrifice ne manqua pas à son obéissance. Quel opprobre, en effet, pour une jeune fille, que la position que Marie avait acceptée, position qui devait la livrer sans défense, semblait-il, à l'impitoyable mépris du monde et aux douloureux soupçons de l'homme qu'elle aimait ! Quel sacrifice, pour une mère, que de voir son fils lui échapper peu à peu, non point sans doute par sa tendresse, mais par son activité ! Oui, nous pouvons deviner par quels renoncements dut passer Marie, quels déchirements intérieurs elle dut ressentir avant d'arriver à comprendre que si Jésus lui appartenait comme fils, il appartenait au monde comme Sauveur[16], avant d'en venir à baisser la tête et à dire au pied de la croix : Que ta volonté soit faite ! C'était là, sans doute, l'épée dont parlait à Marie le vieux Siméon, et qui devait, bien avant le Calvaire, percer plus d'une fois et douloureusement son cœur.

Arrêtons-nous ici. Tirer avec quelque exactitude de ces rapprochements la mesure de l'action qu'exerça Marie sur Jésus enfant, est chose impossible. Nous croyons néanmoins que, pour quiconque attribue comme nous à Jésus une véritable enfance, ces rapprochements ne sont point sans valeur, et que ce ne fut point par un pur effet du hasard que Jésus se trouva entouré dès ses premiers pas d'une atmosphère d'humble piété et de douloureuse obéissance.

L'Évangile nous présente en Joseph un homme pieux, plein d'une charité délicate, qui accepte sans murmure le rôle d'obscur dévouement qui lui incombe et prend sa part du fardeau, comme de la joie de Marie[17]. Il est probable qu'il mourut avant que Jésus eût commencé son ministère, car il n'est question de lui que dans les récits de l'enfance de Jésus, à partir desquels il ne s'agit plus que de *sa mère* et de *ses frères*.

Nous savons aussi qu'il y avait en Israël, au temps où naquit Jésus, quelques familles pieuses qui attendaient d'en haut une délivrance spirituelle[18]. Il nous est permis de supposer que la maison de Joseph et de Marie devint naturellement pour les pieux Israélites de Nazareth un foyer de prières et d'espérance, et que la lumière et la chaleur qui en émanaient ne furent pas sans effet sur Jésus ; mais tout cela se passait discrètement, sans bruit et, au demeurant, l'entourage de Jésus enfant nous est trop imparfaitement connu pour que nous puissions y insister davantage.

L'enfance de Jean-Baptiste s'écoula fort loin de celle de Jésus. La famille de Jean habitait la Judée, celle de Jésus la Galilée, il est probable que, malgré le lien de parenté qui les unissait, les deux familles entraient trop rarement en contact pour que nous puissions nous demander ici quelle influence les deux enfants purent avoir l'un sur l'autre. Lorsque nous trouvons pour la première fois Jean-Baptiste et Jésus ensemble, le premier est dans la plénitude de son activité publique, et l'attitude de Jésus, malgré son humilité, n'a rien qui rappelle celle d'un disciple. Si donc plus tard Jésus semble commencer son enseignement par les mots qui sont comme la devise de Jean-Baptiste : « Convertissez-vous, le royaume de Dieu est proche[19] ; » si les disciples de Jésus baptisent comme faisait Jean lui-même, nous ne saurions voir dans ces faits autre chose que la preuve de l'harmonie qui existait entre l'œuvre du Christ et celle du précurseur, harmonie que Jésus tenait à manifester, et qui n'impliquait en aucune manière de sa part une dépendance intellectuelle, ni surtout morale, que Jean-Baptiste a de son côté hautement revendiquée pour lui-même[20]. « Il en vient un, dit-il, plus puissant que moi, duquel je ne suis pas digne de délier la courroie des souliers. » Ce n'est pas à dire, sans doute, que Jésus n'ait point vu dans l'apparition publique de Jean-Baptiste, dans l'éclat que sa parole puissante produisait en Judée et, plus tard, dans son emprisonnement, comme un signal qui l'avertissait que son temps était proche, et qui venait réveiller en lui le sentiment de sa mission. Mais de là à une action personnelle exercée sur Jésus par Jean-Baptiste il y a loin, et c'est cette action dont nous ne saurions voir aucune trace dans les évangiles. Nous ne voyons pas même, à vrai dire, vu l'époque relativement tardive de la vie du Christ à laquelle cette action se serait exercée, de quelle nature elle aurait été. La personne du grand prédicateur de la pénitence était bien plus remarquable par sa puissance que par son originalité. Avant d'entendre sa voix dominer le Jourdain, Jésus l'avait entendue plus d'une fois, en lisant les oracles des anciens prophètes. Lorsque Jean-Baptiste apparut à Israël, Israël reconnut Élie[21] et Jésus ne le démentit pas[22].

À côté des bienfaisantes influences que Jésus trouvait au foyer de ses parents et dans le cercle, probablement restreint, de ses relations habituelles, il en était d'un autre ordre, qui, pour être moins directes, ne durent point être toutefois sans influence sur le développement de son caractère. Nous voulons parler tout d'abord de l'effet que devait produire sur lui, par contraste, le contact d'hommes dont le sens religieux et moral était faux et artificiel. Ne négligeons pas cette influence. La vue du mal produit sur une nature saine le même effet que la vue du bien, et cela en y provoquant une contradiction puissante. Ce n'est pas un mauvais moyen de révéler un homme à lui-même et de lui donner de bonne heure une forte maturité, que de le placer dans un milieu contraire aux inclinations de son âme, car, à mesure qu'il pratique ce milieu, à mesure il sent qu'il ne lui appartient par aucun de ses côtés, à mesure aussi il proteste contre lui de toute son attitude. Il est facile, et, en quelque mesure loisible, à celui qui vit au milieu des siens, de conserver assez longtemps une certaine ignorance de soi-même et de ne point dire *moi* en face de qui lui ressemble. Mais celui qui vit en face de la contradiction ne peut autrement qu'apprendre d'elle ce qu'il est lui-même, et qu'arriver ainsi, presque du premier coup, à la plénitude de son caractère. Que de vocations ont été déterminées ou, tout au moins, mûries de la sorte ! C'est en pleine sophistique que surgit l'ironique et merveilleux bon sens d'un Socrate. C'est alors que le pélagianisme en est venu à ses dernières conséquences, alors que les hommes en sont arrivés à trafiquer entre eux de la vie éternelle, qu'a lieu cette réaction de la conscience religieuse qui s'appelle la Réforme. C'est dans la prison du château d'If, que Mirabeau écrit son *Essai sur le despotisme*. Nous pourrions multiplier les exemples, nous en trouverions dans tous les ordres. On nous comprendra maintenant si nous attribuons une influence sur le développement du Christ à ceux qui furent ses principaux adversaires, nous voulons parler des *pharisiens*.

Il serait injuste, sans doute, de vouloir se faire une idée de la secte des pharisiens en s'en tenant aux seules lumières que nous fournissent sur ce point les évangiles. Cette secte avait été dans l'origine le refuge de beaucoup d'âmes droites et nobles, impatientes du joug étranger, jalouses du caractère religieux du peuple d'Israël, et qui ne souffraient tant de formes dans le culte et dans la vie religieuse que pour faire, ainsi que le disaient les docteurs, « une haie autour de la loi[23]. » Quoi qu'il en soit, la position prise par les pharisiens était pleine d'illusions et de dangers, et la haie qu'ils voulaient former autour de la loi tendait bien plutôt à étouffer la loi qu'à la garantir. L'esprit général de la secte, aux jours de Jésus, était celui d'un vide formalisme et d'un orgueil dominateur. Les hommes comme Gamaliel, Nicodème et même comme Simon, l'hôte de Jésus, étaient devenus de plus en plus rares, et en définitive, ce fut au sein du pharisaïsme que se concentra la formidable opposition qu'Israël fit à Jésus.

Il est hors de doute que Jésus connaissait admirablement ces adversaires. Il les connaissait non pas seulement en vertu de cette intuition merveilleuse qui lui livrait le fond des cœurs, — mais pour les avoir pratiqués. Il leur parle non seulement de leurs tendances, mais de leurs préceptes, de leurs préjugés, de leurs coutumes[24], et l'on sent à la douloureuse amertume et à la sainte violence avec lesquelles il demande compte à ces hommes d'un peuple qu'ils abusaient, que ce triste sujet lui est dès longtemps familier. Nous ne savons au juste où placer le premier contact de Jésus avec les Pharisiens. Ces hommes avaient, à l'époque de Jésus, la haute main sur l'enseignement religieux en Israël ; l'enfant de Nazareth eut donc, dès ses jeunes années, l'occasion d'entendre de leurs adeptes enseigner dans les synagogues, et il est probable que les docteurs que Jésus interrogeait au temple, à l'âge de douze ans, étaient Pharisiens. On peut supposer que la réaction que nous avons indiquée ne tarda pas à se produire en Jésus, d'abord sous la forme d'un saint étonnement, puis sous celle d'une protestation plus accusée. C'est ainsi que l'irréligieuse dévotion de ces docteurs devait comme appeler et développer en Jésus le sentiment de ce religieux abaissement dont il nous a présenté, avant de le réaliser en lui-même au nom de tous, le type complet et sublime dans ce péager qui, pour toute prière, se frappe la poitrine en s'écriant : Ô Dieu, sois apaisé envers moi qui suis pécheur ! C'est ainsi que toutes les complications et tous les artifices d'une morale qui outrageait la conscience ne faisaient que fortifier en lui le sentiment simple et puissant de l'éternelle volonté de son Père[25]. C'est ainsi qu'en présence de ces conducteurs aveugles, qui chargeaient le peuple de fardeaux auxquels eux-mêmes ne touchaient pas, — il sentait grandir dans son âme, avec la profonde compassion que lui inspiraient ces multitudes sans pasteur, l'obligation de porter lui-même la charge de leurs misères[26].

Mais combien plus puissante encore devait être, pour développer en lui sa vocation de Sauveur, la vue même de ces misères ! Les légendes bouddhiques nous ont conservé le souvenir des rencontres fameuses qui déterminèrent le jeune Bouddha à quitter le manteau du prince pour revêtir l'habit du pèlerin et aller chercher au loin l'indifférence aux maux de la vie. On nous permettra de les rapporter avec quelque étendue.

« Un jour qu'avec une suite nombreuse il sortait par la porte orientale de la ville pour se rendre au jardin du Loumbini, auquel s'attachaient tous les souvenirs de son enfance, il rencontra sur sa route un homme vieux, cassé, décrépit ; ses veines et ses muscles étaient saillants sur tout son corps ; ses dents étaient branlantes ; il était couvert de rides, chauve, articulant à peine des sons rauques et désagréables ; il était tout incliné sur un bâton ; tous ses membres, toutes ses jointures tremblaient.

« — Quel est cet homme ? dit avec intention le prince à son cocher. Il est de petite taille et sans forces ; ses chairs et son sang sont desséchés ; ses muscles sont collés à sa peau, sa tête est blanchie, ses dents sont branlantes, son corps est amaigri ; appuyé sur un bâton, il marche avec peine, trébuchant à chaque pas. Est-ce la condition particulière de sa famille ? ou bien est-ce la loi de toutes les créatures du monde ?

« — Seigneur, répondit le cocher, cet homme est accablé par la vieillesse ; tous ses sens sont affaiblis ; la souffrance a détruit sa force, et il est dédaigné par ses proches ; il est sans appui ; inhabile aux affaires, on l'abandonne comme le bois mort dans la forêt. Mais ce n'est pas la condition particulière de sa famille. En toute créature, la jeunesse est vaincue par la vieillesse ; votre père, votre mère, la foule de vos parents et de vos alliés finiront par la vieillesse aussi ; il n'y a pas d'autre issue pour les créatures.

« — Ainsi donc, reprit le prince, la créature ignorante et faible, au jugement mauvais, est fière de la jeunesse qui l'enivre, et elle ne voit pas la vieillesse qui l'attend. Pour moi, je m'en vais. Cocher, détourne promptement mon char. Moi, qui suis aussi la demeure future de la vieillesse, qu'ai-je à faire avec le plaisir et la joie ? — Et le jeune prince, détournant son char, rentra dans la ville, sans aller à Loumbini.

« Une autre fois, il se dirigeait avec une suite nombreuse, par la porte du Midi, vers le jardin de plaisance, quand il aperçut sur le chemin un homme atteint de maladie, brûlé de la fièvre, le corps tout amaigri et tout souillé, sans compagnon, sans asile, respirant avec une grande peine, tout essoufflé et paraissant obsédé de la frayeur du mal et des approches de la mort. Après s'être adressé à son cocher, et en avoir reçu la réponse qu'il en attendait :

« — La santé, dit le jeune prince, est donc comme le jeu d'un rêve, et la crainte du mal a donc cette forme insupportable ! Quel est l'homme sage qui, après avoir vu ce qu'elle est, pourra désormais avoir l'idée de la joie et du plaisir ?

« Le prince détourna son char, et rentra dans la ville, sans vouloir aller plus loin.

« Une autre fois encore, il se rendait, par la porte de l'Ouest, au jardin de plaisance, quand sur la route il vit un homme mort, placé dans une bière et recouvert d'une toile. La foule de ses parents tout en pleurs l'entourait, se lamentait avec de longs gémissements, s'arrachant les cheveux, se couvrant la tête de poussière et se frappant la poitrine en poussant de grands cris. Le prince, prenant encore le cocher à témoin de ce douloureux spectacle, s'écria :

« — Ah ! malheur à la jeunesse que la vieillesse doit détruire ; ah ! malheur à la santé que détruisent tant de maladies ; ah ! malheur à la vie où l'homme reste si peu de jours ! S'il n'y avait ni vieillesse, ni maladie, ni mort ! Si la vieillesse, la maladie, la mort étaient pour toujours enchaînées !

« Puis, trahissant pour la première fois sa pensée, le jeune prince ajouta : — Retournons en arrière ; je songerai à accomplir la délivrance[27]. »

Le tableau est admirable de sérieux et de poésie ; nous n'avons pu résister à le présenter ici, tant les misères qu'il fait passer, et avec une si poignante réalité, devant les yeux de Çakya-Mouni, sont bien de celles qui durent remuer le plus profondément le cœur de Jésus et le mieux lui révéler ce que son Père demandait de lui. Et pourtant l'illusion n'a point été complète, et si ces pages nous ont fait penser à Nazareth au temps de l'enfance de Jésus, elles n'ont pu nous y transporter tout à fait. Il eût fallu, pour cela, que le jeune prince eût fait une rencontre de plus ; celle d'un homme qui eût été, cette fois, plein de santé et de jeunesse, et auquel il eût néanmoins manqué quelque chose, parce qu'il aurait eu une conscience. Il eût fallu qu'au lieu de se détourner de tant de misères, au lieu de dire : « Retournons en arrière, je songerai à accomplir la délivrance, » il se fût arrêté, se fût approché de ce vieillard, de ce malade, de ces parents en deuil, et mêlant sa compassion à leurs souffrances, il les eût soulagés tout au moins de toutes les larmes qu'il eût versées pour eux. Il eût fallu, enfin, lorsqu'il se fut éloigné, qu'au lieu de souhaiter à son âme et à celle d'autrui une insensibilité qui les mettrait au-dessus des maux de cette vie, se souvenant que Dieu s'appelle *amour* et non *indifférence*, il eût jeté vers le ciel un regard qui eût exprimé la plus douloureuse supplication et le plus sublime sacrifice.

III

Nous avons essayé d'indiquer jusqu'ici, parmi les éléments qui contribuèrent à développer le caractère du Christ, ceux qui sont du fait des hommes, soit des hommes du passé, soit des contemporains de Jésus. Mais si grand que fût l'attrait qui portait Jésus à vivre de la vie sociale, si grande que fût la force qu'il y puisât, soit directement, soit par une sorte de réaction dont nous avons indiqué la nature, il était loin de s'y absorber et d'échapper ainsi à cette sorte de loi qui voulait que tout prophète, en Israël, eût passé par la rude école de la *solitude*. Le silence que fait planer l'Évangile sur la jeunesse de Jésus ne nous permet ici, pas plus qu'ailleurs, de préciser ; nous voulons dire de marquer la mesure dans laquelle Jésus usa de cette école. D'un autre côté, ce silence même tend à donner une large part à la retraite, au moins dans la seconde moitié de la jeunesse du Christ. Comment, en effet, si Jésus eût vécu sans interruption à Nazareth ou dans quelque autre ville, eût-il pu tarder jusqu'à l'âge de trente ans à manifester avec quelque éclat ce qu'il était, et à acquérir, par conséquent, cette réputation, qui ne se répandit, en réalité, que tard en Galilée ? Nous sommes porté à envisager le développement d'un caractère comme d'autant plus régulier, graduel, que le caractère est, moralement, plus normal ; cela étant, nous nous représentons Jésus comme ayant passé, sans brusque transition, avec une entière spontanéité, de l'âge où l'homme cesse (relativement) de recevoir à celui où il commence de donner[28], et nous sommes conduit par là à penser que si les Évangiles nous représentent l'action de Jésus sur ses contemporains comme ayant commencé à une époque bien définie, et acquis, dès le début, toute son intensité, c'est que, comme Élie se présentant devant Achab, Jésus venait du désert.

Nous y sommes conduit encore par un autre côté. Les évangiles nous montrent Jésus recherchant la retraite après même qu'il est apparu publiquement au peuple. Il y passe quarante jours après son baptême, et, bien souvent, après une pénible journée employée à son sublime travail de miséricorde, nous le voyons se dérober à la foule, à ses disciples même, et passer, en quelque lieu écarté, parfois dans la solitude de quelque montagne, la nuit entière. Ne devons-nous pas supposer que ce besoin de profond recueillement qui le poursuivait au sein même de sa tâche était loin d'être nouveau pour lui, et que, pour rechercher encore aussi assidûment la retraite, il fallait que, dès longtemps, il en connût la douceur et la force ? — Quoi qu'il en soit, d'ailleurs, à cet égard, de l'époque de la vie de Jésus qui nous est obscure, c'est ici le lieu de rappeler ce que nous disions plus haut : à proprement parler, un caractère ne cesse jamais de se développer, — et, à ce titre, ce que nous savons de la période relativement publique de la vie du Christ, nous autorise à considérer la solitude comme un élément important de son développement.

Et maintenant, que trouvait Jésus dans la retraite ? Car la retraite devait être autre chose pour lui qu'une distance matérielle mise entre lui et les hommes. — Il y trouvait *la nature*, il y trouvait *la tentation*, il y trouvait *la prière*.

Est-il nécessaire de prouver que Jésus connaissait et aimait la nature ? Son enseignement est tout semé de poétiques images qu'il lui emprunte[29]. Nous aurons, sans doute, à revenir sur les rapports de Jésus avec la nature, lorsque nous traiterons de son caractère envisagé en lui-même ; nous voulons seulement nous demander ici quelle dut être l'influence de cette nature sur Jésus. On a beaucoup exagéré cette influence ; on a voulu établir entre la doctrine de Jésus et la vue des environs de Nazareth je ne sais quel lien nécessaire que nous n'avons pas pu saisir[30]. Nous ne prétendons pas que Jésus ait été insensible à la diversité des aspects de la nature ; ainsi, l'analogie qu'offrait avec toute la personne de Jean-Baptiste le cadre sévère du désert de Judée semble ne pas lui avoir échappé : « Qu'êtes-vous allés voir au désert, dit-il à ses disciples, était-ce un homme vêtu de précieux vêtements ? Voici, c'est dans les palais des rois que se trouvent ceux qui sont précieusement vêtus[31]. » Toutefois, une chose nous frappe, c'est qu'il n'est besoin de connaître ni les riants aspects de la Galilée, ni les rives austères du Jourdain pour saisir tout ce qui, dans l'enseignement de Jésus, nous reporte à la nature ; pas plus qu'il n'est besoin d'avoir devant les yeux le Juif du premier siècle pour comprendre ce que Jésus nous dit de l'homme. Ce qui frappait Jésus dans la nature, c'était ce qu'elle a de simple, d'élémentaire, ce qui, en elle, est de tous les climats. Ce n'était point pour elle-même qu'il l'aimait ; il l'aimait parce qu'elle lui était un admirable tableau de la vie de l'homme, une touchante prédication de la miséricorde de Dieu. La vue d'un cep de vigne, poussant autour de lui des sarments vigoureux, le reportait à cette loi de la vie, vraie pour l'homme comme pour la plante, pour l'âme comme pour le corps, loi qui veut que la vie ne puisse naître que de la vie. Un figuier stérile réveillait en lui la pensée de notre propre stérilité, de notre destination première et de sa mission d'intercesseur : « Le lis des champs qui ne travaille ni ne file, et plus splendidement vêtu que Salomon même dans toute sa gloire ; le passereau, qui ne sème ni ne moissonne, qui n'assemble rien en des greniers et que cependant Dieu nourrit, » lui parlaient de la tendre miséricorde de Dieu qui nourrira à bien plus forte raison ses enfants, bien autrement précieux pour lui. — Et quel langage plus puissant, plus magnifique encore, devait lui tenir cette même nature durant les longues nuits qu'il passait, loin du commerce des hommes, en méditation et en prières ! Qui de nous ne se l'est représenté quelquefois, retiré sur quelque mont galiléen, environné d'un silence que troublait seul le vent de la nuit passant dans les oliviers, portant, comme écrite sur son front, l'histoire de toute une journée de miséricorde, et tournant vers le ciel un regard plein d'une indicible lumière ? Qui de nous n'a cru l'entendre alors, se reportant aux misères, à la fange d'en bas, s'écrier comme au nom de ses frères : « Quand je contemple les cieux, l'ouvrage de tes mains, la lune et les étoiles que tu as disposées, je dis : Qu'est-ce que l'homme que tu te souviennes de lui, et le fils de l'homme que tu le visites[32] ? »

C'était ainsi que les grands aspects du monde comme ses merveilles les plus obscures parlaient à Jésus de la gloire de Dieu, de celle-là surtout qui éclate dans les marques de son amour, et lui fournissait en même temps une mesure plus exacte des tristes misères de l'humanité. Nous retrouvons presque partout dans l'enseignement de Jésus des traces de ce commerce avec la nature, et si son langage respire tant de santé, d'indépendance et de force ; s'il a pour nous une saveur si fraîche, si poétique, si souverainement *naturelle*, nous pouvons croire que ce commerce n'y est pas étranger.

La connaissance qu'avait Jésus de la nature n'était point scientifique ; elle était toute religieuse. Peu lui importait de savoir, lorsque du mont des Oliviers il voyait le faîte du temple s'empourprer aux premiers rayons du soleil levant, si c'était cet astre qui avait poursuivi sa course, ou si c'était la terre qui venait présenter au soleil une face nouvelle — pourvu qu'il sût que c'était Dieu qui faisait luire son soleil sur les méchants comme sur les bons, offrant ainsi aux hommes un exemple de la miséricorde qu'ils doivent exercer, même sur ceux qu'ils appellent leurs ennemis (Matth. V, 45). Jésus connaissait la nature comme il connaissait l'histoire, c'est-à-dire dans son principe et dans sa fin dernière. Qui voudrait prétendre que cette science ait rien d'inférieur ? Et pourquoi donc vaut-il la peine d'étudier et l'histoire et la nature, si ce n'est pour y reconnaître en définitive la main toute-puissante et sage d'un Père tendre ? Peut-il dire qu'il sait quelque chose, le savant qui est arrivé à force de veilles à pouvoir décrire avec exactitude et le mouvement des astres et la structure de la plante la plus ignorée, mais qu'embarrasse la question de l'enfant qui lui demande pourquoi cet astre et pourquoi cette plante ? Peut-on dire, au contraire, qu'il ne possède pas la science suprême celui que chacune de ces merveilles a mis à genoux ? « Le ciel et la terre passeront, » mais ce qui ne passera pas c'est Dieu, et voilà pourquoi celui auquel le ciel et la terre ont raconté la gloire du Dieu fort n'a plus rien à leur demander.

Nous avons dit que la solitude était pour Jésus non seulement la nature, mais la *tentation*. Nous ne voulions pas dire par là que Jésus ne connût de tentations que dans la solitude. Il n'en est pas moins vrai que c'était dans les moments où, retiré loin du tumulte de la vie sociale, Jésus se recueillait, qu'envisageant dans leur ensemble et sa mission et tous les sacrifices qu'elle entraînait pour le présent et pour l'avenir, il entrevoyait aussi avec le plus de netteté certaines possibilités qui étaient pour lui autant de tentations. C'est d'ailleurs, d'une manière toute générale, de ses tentations que nous voulons parler ici.

Nous ne savons rien de celles qui durent l'assaillir pendant la période obscure de sa vie et parmi lesquelles il faut mettre, sans doute, en première ligne, celles que lui créait une supériorité morale qui, s'accusant de plus en plus, lui rendait plus difficile une position de dépendance, que pourtant il devait accepter, vis-à-vis de ses protecteurs naturels. — L'on sait quelle lutte mystérieuse et longue il eut à soutenir plus tard dans le désert après son baptême et avant de paraître de nouveau devant le peuple. Ce fut alors la question de sa mission qui se posa devant lui. À quoi emploierait-il les dons qu'il avait reçus ? À la satisfaction de son bien-être (Luc IV, 3) ou de sa dignité (IV, 9) ou au bien de ses frères ? Quelle voie suivrait-il pour établir son règne dans ce monde ; la voie que semblait lui tracer l'attente populaire, voie plus facile, bien plus prompte aussi, en apparence (IV, 5-6) ? ou la voie que lui traçait son Père, la voie du renoncement, du sacrifice ? Serait-il le roi des Juifs que l'on attendait, ou l'homme de douleurs que devaient méconnaître, bafouer et humilier jusqu'à la mort ceux-mêmes dont il voulait accomplir le salut ? — Telles furent, en substance, les redoutables questions qui se posèrent devant Jésus-Christ durant cette lutte héroïque de quarante jours que l'Évangile nous rend d'une manière sommaire, et dont nous pouvons pressentir, ne fût-ce qu'à sa durée, la terrible intensité. — Voilà, disons-nous, non pas ce que Jésus *se* demandait, mais ce que lui demandaient les choses, les circonstances mêmes dont il se voyait entouré, car, quelle que soit l'interprétation précise que l'on veuille donner au mystérieux récit des Évangiles, il en ressort au moins clairement, d'une part, que Jésus ne participa point à la tentation, nous voulons dire que la lutte eut lieu, non pas dans l'âme même du Christ, mais tout entière entre le Christ et un ennemi extérieur à lui, — et, d'autre part, que Jésus triompha.

Le récit sacré le dit lui-même, cette tentation ne fut point la dernière, « le diable se retira d'avec lui pour un temps » (Luc IV, 13). « Vous êtes, dit Jésus, au repas pascal, ceux qui avez persévéré avec moi dans mes tentations. » Que de tentations, en effet, l'attendaient encore ! Tentation que devait lui offrir, au milieu de la vie errante qu'il menait, entouré de tout ce que la misère matérielle et morale de ce monde a de plus repoussant, la pensée d'un religieux et saint repos (Luc IX, 33). Tentation inverse, bien naturelle au cœur aimant, de trop mettre au dehors et de ne pas assez se recueillir. Tentation provenant soit de l'enthousiasme qu'il faisait naître (Jean VI, 15), soit aussi du peu de succès qu'il obtenait parfois sur la route austère qu'il avait choisie (Matth. XIII, 57). Tentation que la haine acerbe de ses adversaires imposait à sa charité (Jean VIII, 13-15) et que l'affection et le découragement de ses disciples infligeait à son courage (Matth. XVI, 22-23 ; Marc XIV, 50). Et puis, dominant et résumant toutes les autres, la tentation de garder pour lui quelque chose de ce qui appartenait à son Père et à ses frères, nous voulons dire quelque chose de lui-même ; tentation de ne pas accepter et cette mort physique qui avait pour lui, à cause de sa propre sainteté, des angoisses que nous ne pouvons concevoir, et cette mort morale, nous voulons dire cette humiliation absolue, dont la croix marque aussi le moment suprême. « Personne, dit Jésus, ne m'ôte ma vie, j'ai le pouvoir de la laisser, j'ai le pouvoir de la reprendre » (Jean X, 18). On sait comment il la laissa, mais on sait aussi à travers quelles angoisses et quelles luttes il marcha à ce sacrifice, jusqu'au moment où, inclinant sa tête couronnée d'épines, il put s'écrier : Tout est accompli !

Les évangiles sont unanimes à reconnaître ces luttes. On a contesté cet accord, notamment en ce qui concerne l'évangile de Jean. « Pour le sentiment chrétien dominant, dit Keim, l'image du Christ a pris l'empreinte d'une tranquillité d'âme dont rien ne peut troubler la divine sérénité. La faute en est à l'évangile de Jean…, qui a passé dans le sang et la chair du christianisme. » Et plus loin : « *Jean* n'a point de Gethsémané, à peine parle-t-il d'un trouble passager éprouvé par Jésus dans les rues de Jérusalem[33]. » — Nous sommes étonné que l'on puisse attribuer une pareille mutilation de l'image du Christ à l'évangile qui nous peint le frémissement de Jésus au tombeau de Lazare et qui contient ce mot, aussi humain que sublime : « Et Jésus pleura ; » à l'Évangile où nous lisons : « Alors Jésus fut ému en son esprit et dit ouvertement : En vérité, en vérité, je vous dis que l'un de vous me trahira, » et qui nous avait montré quelques lignes plus haut Jésus à genoux aux pieds de Judas, et lui lavant les pieds comme eût fait un esclave. Nous sommes surpris que l'on puisse appeler d'un terme aussi pâle l'émotion qui saisit Jésus à Jérusalem lorsque, saisi tout à coup à la pensée de son sacrifice, il s'écria : « Maintenant mon âme est troublée et que dirai-je ? Père, délivre-moi de cette heure ! Mais c'est pour cette heure-là que je suis venu ! Père, glorifie ton nom ! » (Jean XII, 27-28) Oui, nous sommes surpris que l'on ne sente pas dans ce dialogue intérieur auquel Jésus, dans un touchant abandon de toute dignité extérieure, fait assister ses disciples, l'expression fugitive d'une lutte longue et douloureuse qui, d'ordinaire, ne se produisait pas au grand jour, nous sommes surpris enfin que l'on n'y retrouve pas tout Gethsémané.

Nous ne nous arrêterons pas davantage sur ce point ; pas plus que nous ne croyons nécessaire d'établir la réalité des tentations de Jésus-Christ. Cette réalité a été écrite avec trop de larmes et trop de sang dans le jardin de Gethsémané pour que nous ayons à la défendre. Nous n'avons point d'ailleurs entrepris dans ce travail d'accorder des dogmes entre eux : l'Évangile à la main, nous racontons, et s'il était vrai, ce que nous ne saurions croire, qu'il y eût, à insister sur la réalité des tentations de Jésus-Christ, quelque danger pour la dogmatique, nul ne nous en voudrait pour nous écrier : Périsse la dogmatique plutôt que l'Évangile !

La conclusion de tout cela est que Jésus ne traversa pas, et victorieusement, tant de luttes, sans en retirer quelque profit. Si les tentations qu'il eut à subir furent réelles, les victoires qu'il remporta durent avoir la même réalité ; chacune d'elles l'enrichissait. S'il avait quitté le désert comme il y était entré, si Gethsémané n'eût point affermi son âme, nous ne comprendrions plus ni le désert, ni Gethsémané : Jésus serait pour nous en dehors des conditions de la vie morale, c'est-à-dire en dehors de l'humanité. Il n'y a d'ailleurs dans ce long et graduel dépouillement de toute volonté propre, dans ce long et graduel abandon de soi-même à ses frères, rien qui suppose en Jésus le péché ; car ce n'est point en une fois et sous sa forme absolue, nous voulons dire sous celle de la mort, que Dieu demande à Christ cet abandon. Christ à douze ans n'a pas à mourir pour ses frères, il ne pèche point en retournant à Nazareth dans la maison de ses parents. Qu'il lui suffise d'accomplir sa tâche de chaque jour. Il peut jouir en paix aujourd'hui d'un repos auquel il devra renoncer demain ; demain, il pourra jouir en paix d'une considération à laquelle il devra renoncer le jour suivant ; il pourra jouir encore le jour suivant d'une vie qu'il devra, plus tard, laisser sur une croix. À son Père de marquer l'heure ; à lui de dire lorsque l'heure sera venue, fort de tous ses renoncements antérieurs : « Que ta volonté soit faite et non la mienne ! » — C'est dans ce sens que l'épître aux Hébreux a pu dire de Jésus « qu'il a appris l'obéissance » (Héb V, 8).

Nous avons dit enfin, que, pour Jésus, la solitude, c'était la *prière*. Jésus a connu ces moments spéciaux où, laissant tout autre soin, l'âme se recueille et adore. Que de fois nous lisons dans l'Évangile des mots comme ceux-ci : « Au matin, comme il était encore nuit, s'étant levé, il alla dans un lieu désert, et il pria » (Marc I, 35) ; ou encore : « Or, il arriva en ces jours-là qu'il s'en alla sur une montagne pour prier, et qu'il passa toute la nuit à prier Dieu » (Luc VI, 12)[34]. Parfois aussi le récit évangélique nous reporte à quelque période plus longue traversée par Jésus, période de solitude, de recueillement, où domine encore la prière. « Il se tenait, dit *Luc,* retiré dans les déserts et il priait » (Luc X, 16), Que se passait-il dans ces mystérieux entretiens durant lesquels Jésus, dans l'intensité de sa prière, devenait indifférent à la nourriture et au sommeil que réclamait son corps fatigué ? Quelles humbles requêtes, quels douloureux soupirs, quels sanglots, peut-être, quelles paroles d'une enfantine et sainte confiance, quelles effusions de louanges et d'actions de grâces montaient alors du désert aride et désolé jusqu'au sein de Dieu ? L'Évangile ne nous le dit pas. Il nous a conservé, toutefois quelques prières de Jésus. Ces prières nous frappent non seulement par l'absolue confiance, mais aussi par l'abandon, par la spontanéité entière dont elles portent l'empreinte. Aucune méthode ne prétend les régler. Tantôt la prière de Jésus est courte ; elle est l'expression puissante, mais fugitive, d'un sentiment qui envahit son âme. Tel le cri de triomphe qu'il fait monter à Dieu lors du retour de ces soixante-dix disciples qu'il a envoyés pour lui préparer la route. « Je te loue, dit-il, ô Père, Seigneur du ciel et de la terre, de ce que tu as caché ces choses aux sages et aux intelligents, pour les révéler aux petits enfants ; il en a été ainsi, ô Père, parce que telle a été ta bonne volonté » (Luc X, 21). Tantôt, au contraire, elle est plus longue, elle est un familier entretien où la requête se mêle à la louange, et l'expression de la plus filiale obéissance à celle du triomphe le plus glorieux (Jean XVII).

Si, au milieu même de sa plus grande activité, Jésus recherchait aussi assidûment l'occasion d'adorer dans le silence, il est permis de supposer que l'adoration avait occupé une place importante dans la partie préparatoire de sa vie. Il suffit de considérer les principales circonstances qui motivent ses prières pour comprendre quelle place occupa l'adoration dans son développement général. Il prie avant de choisir ses apôtres (Luc VI, 12) ; il prie au tombeau de Lazare ; il prie à Gethsémané. Nous ne parlons pas ici des prières qu'il adresse à Dieu pour les siens. Ce qu'il cherchait et trouvait donc par la prière, c'était le conseil pour la route à suivre ; c'était la puissance de réaliser ce que souhaitait sa compassion ; c'était la force de renoncer à soi-même et de marcher jusqu'au bout dans la voie douloureuse. Dans la prière, Jésus laissant pour un temps derrière lui le désordre de ce monde, se replaçait au sein de l'harmonie, s'identifiait avec le plan de Dieu. Tandis qu'en bas tout conspirait à le distraire, s'il était possible, et de lui-même, et de l'œuvre douloureuse qu'il avait à accomplir, comme aussi à en obscurcir à ses yeux la glorieuse issue, sur les hauteurs, dans la communion avec son père, il se retrouvait sans peine, toutes les choses de ce monde lui apparaissaient à la place qui leur revenait à chacune, et en même temps qu'il voyait clairement sa route, il puisait dans la communion divine de nouvelles forces pour s'y avancer.

Nous avons passé en revue les principaux éléments qui ont dû concourir au développement du caractère de Jésus. Nous devions parler en dernier lieu de la prière, qui, placée comme à leur centre, était destinée à mettre entre eux l'harmonie et à leur assigner leur véritable rôle. Le caractère de Jésus domine-t-il les éléments au sein desquels il s'est développé, ou leur reste-il asservi ? Ces éléments suffisent-ils à nous expliquer Jésus-Christ, ou faut-il, de guerre lasse, pour le comprendre, regarder plus haut ? En est-il le produit, ou en serait-il le maître ? C'est à quoi nous pourrons répondre lorsque nous aurons envisagé en lui-même le caractère de Jésus.

LE CARACTÈRE DE JÉSUS-CHRIST ENVISAGÉ EN LUI-MÊME

Nous touchons, et non sans tremblement, au cœur de notre sujet. Dirons-nous ce qui nous soutient, au moment où, en essayant, dans un langage si indigne de lui, de rendre ce qu'était Jésus, nous allons, sans doute, pour notre faible part, ajouter quelque chose à l'abaissement qu'il a déjà subi parmi nous ? — C'est la pensée qu'en entrant dans les conditions de notre vie, il n'a pas dédaigné non plus d'entrer dans les conditions de notre pauvre langage. C'est l'espoir qu'il en sera de nos paroles impuissantes comme de ces haillons qui ne servent qu'à mieux faire ressortir la noblesse de celui qui les a revêtus pour un jour.

Nous suivrons, dans notre court essai, la méthode la plus naturelle ; celle qu'aurait suivie, aux jours de Jésus, tout observateur sérieux et impartial de sa vie, qui, attaché à ses pas, l'écoutant, le voyant à l'œuvre, aurait cherché à se rendre compte de ce qu'il était. Cet observateur eût été frappé d'abord, tout naturellement, de ce qu'il y avait en lui de plus extérieur, de ce qu'il y avait de particulier dans la mission qu'il s'attribuait, comme dans toute son attitude ; puis il eût pénétré, peu à peu, plus près du mobile intérieur de sa vie et serait enfin arrivé au centre. C'est ce que nous voudrions essayer ici.

I

Il est impossible, pour peu qu'on approche de Jésus, de ne pas être frappé de ce que nous pourrions appeler la couleur de sa *personnalité*, couleur toute *morale* et *religieuse*. La vie de Jésus a été avant tout, disons mieux, exclusivement, religieuse et morale ; et, notons-le bien, ces deux termes, que nous séparons ici par pure indigence de langage, ne devraient proprement en former qu'un seul. Jésus ne veut connaître, pour lui comme pour l'humanité, qu'un seul intérêt, l'intérêt religieux, qui est en même temps l'intérêt moral ; « sa nourriture, dit-il, est de faire la volonté de son père qui est au ciel » (Jean IV, 34) ; sa vocation gît tout entière dans la réconciliation des hommes avec Dieu, et par là même, des hommes entre eux. Non pas qu'il ait, à l'égard des relations particulières qui existent entre les hommes et de leurs vocations terrestres, la moindre indifférence, ni surtout le moindre mépris. Il a été fils aimant (Jean XIX, 26), ami fidèle (Jean XI, 5 ; XIII, 23). Il est probable aussi qu'il travailla pendant un temps dans l'atelier de Joseph. Il permet à Pierre de retourner à sa barque de pêcheur, après le premier appel qu'il lui a adressé, et reconnaît même par un bienfait éclatant la sainteté de la vocation terrestre de son disciple (Luc V, 1-11, cf. Jean I, 42). Mais on sent bien que la plus sainte des relations comme la plus pure des vocations terrestres, n'est pour lui quelque chose qu'autant qu'elle est, nous ne dirons pas seulement dominée, mais pénétrée par une relation et une vocation supérieures. Ses vrais amis sont ceux qui font tout ce qu'il commande (Jean XV, 14). Sa mère et ses frères sont ceux qui écoutent la parole de Dieu et qui la mettent en pratique (Luc VIII, 21). Sa vraie, sa seule vocation est sa vocation de Sauveur (Jean XII, 27 ; XVIII, 37). Quelques traits particuliers rendront plus sensible cette couleur générale de son caractère.

Nous avons vu à quel point les pieux héros de l'histoire d'Israël et ses contemporains lui étaient familiers. Quelles observations pleines de profondeur et de finesse n'eût-il pas pu faire à leur sujet ; quels lumineux rapprochements n'eût-il pas pu tirer de la connaissance qu'il en avait, — sans toucher pour cela au domaine religieux ! Nous ne voyons pourtant pas que jamais il s'y laisse aller. Lorsqu'il met l'homme en scène, c'est toujours devant Dieu qu'il le place.

Nous verrons également quelle puissante et riche imagination nous devrons lui attribuer. — Eh bien ! cette imagination, jamais il ne l'emploie pour elle-même, et, encore aujourd'hui, en présence de la plus poétique de ses paraboles, nous sentons bien que, lorsque nous nous sommes écrié : Que c'est beau ! il nous reste encore tout à dire.

Nous savons au sein de quelles patriotiques aspirations vivait Jésus ; nous ne dirons pas qu'il y fût lui-même insensible (Luc XIII, 34-35). Mais à coup sûr il ne les partagea point sous leur forme courante et surtout ne fit rien pour les exciter. Il rêvait, lui aussi, l'indépendance d'Israël ; mais, pour lui, le véritable ennemi d'Israël, ce n'était point César.

Tout, autour de lui, et les préoccupations courantes du peuple, et l'indicible malaise qu'il apportait à des consciences qui ne demandaient qu'à se distraire d'elles-mêmes (Luc XII, 13), — tout conspirait à lui faire abandonner ce centre religieux et moral où il se plaçait pour juger toutes choses. Il s'y tint avec une indomptable persistance. Et n'est-ce point pour cela qu'il nous appartient aussi bien qu'aux Juifs de son temps ? N'est-ce point, comme on l'a dit, la « vocation *humaine* par excellence[1] ! » que celle qu'il avait choisie ? Jésus ne pouvait-il pas dire avec plus de raison mille fois que le poète latin : « Rien d'humain ne m'est étranger ? » — Il y a longtemps qu'a disparu, et de la Judée, et de la Galilée, le dernier soldat de César ; nous sommes bien loin des bords sévères du Jourdain et des coteaux plus hospitaliers du pays de Nazareth ; et cependant il n'est aucun de nous qui, mis en présence de la première page venue de l'Évangile, ose déclarer qu'il n'y a rien de commun entre cette page et lui.

Faisons un pas de plus. Quelle est l'*aspiration* morale et religieuse de Jésus ?

Cette *aspiration* est immense. Nous pouvons dire, sans crainte d'être démenti, que, dans aucun domaine, il n'en a jamais surgi de semblable. Pour ne point sortir du domaine de l'esprit, où va l'ambition d'un Bouddha ? À donner pour consolation, à l'humanité éprouvée de mille maux, sur la terre une indifférence qui ne change rien à sa misère même, et, après cette vie, le Nirvâna, c'est-à-dire le néant. Et encore tous ne peuvent-ils pas espérer de parvenir à ces biens ; le Bouddha ne veut pas se faire illusion : il sait d'avance qu'un tiers de l'humanité est irrévocablement condamné à l'erreur[2]. — Où va l'ambition d'un Socrate ? À renverser de tout l'effort de sa conscience les divinités de l'Olympe, divinités contradictoires et souillées d'ailleurs de toutes les passions des hommes, et à leur substituer ce Dieu unique et juste qu'il semble avoir entrevu[3] ? En aucune manière. Jamais Socrate n'eût osé concevoir une pareille révolution. Il continuera de s'entretenir avec ce *démon* mystérieux qui l'avertit secrètement de la route qu'il doit suivre, il donnera aux jeunes gens qui se presseront pour l'entendre sur la place publique des préceptes de vertu où brillera une science, jusqu'alors inconnue, de l'homme, de ses devoirs et de ses faiblesses, et, lorsqu'il paraîtra devant ses juges, il pourra alléguer, pour sa défense, qu'il n'a jamais cessé de sacrifier aux dieux de la république[4]. Où va, demanderons-nous enfin, l'ambition d'un Sénèque ? À « se retirer de la corruption du monde, à vivre avec soi-même et à prendre ce principe comme règle de conduite : Admettre dans sa compagnie ceux qui peuvent vous rendre meilleur et ceux qu'on peut rendre meilleurs[5]. » — Pâles espérances, ambitions mesquines, si je les compare à l'espérance, à l'ambition que, dès le début, annonça le Christ !

Ce que le Christ promet à l'homme, c'est le Ciel ; le Ciel, disonsnous, et non le Nirvâna ; le Ciel et non l'Elysée, triste séjour de ces ombres dont la meilleure joie est de s'entretenir entre elles du souvenir à demi effacé de leur séjour sur la terre ; le Ciel, et non cette abstraite immortalité qui faisait dire à Socrate quittant ses juges : « Nous allons nous séparer, moi pour mourir, vous pour vivre : nul ne sait qui de nous a le meilleur sort ; » le Ciel, c'est-à-dire une vie dont la vie actuelle n'est qu'une ombre pâle et souillée, c'est-à-dire la communion de toute l'âme avec un Dieu qui est la sainteté et l'amour même. Mais Jésus ne se borne pas à diriger nos pensées vers ces hauteurs inaccessibles à l'œil de l'homme ; ce royaume céleste qu'il rêve est, pour lui, le couronnement d'un royaume qu'il est venu fonder sur la terre et qui, invisible dans son principe, ne le sera point par ses fruits. Ce royaume, ou, si l'on veut, cette famille, se composera de tous les hommes qui, reconnaissant leur état de misère, auront reçu de lui le pardon de leurs péchés et mis à son service leur conscience et leur vie. Les commencements de ce royaume seront humbles : la persécution ne lui manquera pas ; mais bientôt de la petite semence surgira un grand arbre, qui étendra ses branches sur toute la terre. Le conquérant, le roi de cette nation nouvelle ce sera lui, le Fils *unique* de Dieu ; il mourra, mais ce sera pour revivre, et les œuvres qu'il accomplit, sur la terre, durant son premier séjour, ne sont que peu de chose auprès de celles qu'il y accomplira, invisible, par l'organe de ministres faibles et ignorants, — jusqu'au jour où, la puissance des ténèbres vaincue, les barrières qui séparent les hommes entre eux et de leur Père céleste abattues pour jamais, le royaume terrestre de Dieu réuni à son royaume céleste, il n'y aura, selon la parole même de Jésus, « qu'un seul troupeau et un seul berger, » et la création sera arrivée au but que Dieu lui avait assigné avant les siècles.

Telle est l'aspiration de Jésus, telle est la délivrance qu'il veut apporter au monde ; et l'union que n'avait osé concevoir, entre les hommes, ni le favori du peuple le plus cultivé, ni le conseiller de l'empereur le plus puissant, il l'entreprendra (et avec quelle confiance !) lui, citoyen obscur de la province la plus méprisée d'une nation tributaire, nation qui ne devait quelque renommée qu'au sombre isolement dont elle affectait de s'entourer.

Nous sommes portés naturellement à chercher en Jésus une attitude à nos yeux proportionnée à la grandeur unique du but qu'il se propose et de la dignité qu'il s'attribue. Nous ne serions point étonnés de le voir débuter par quelque action d'éclat et nous devons nous attendre, n'est-il pas vrai, à trouver ses paroles, ses actes, comme aussi l'ensemble de sa vie, marqués à l'empreinte d'une singulière solennité ?

Rien de pareil. Son début est la *simplicité* même. La première fois qu'il nous apparaît, c'est mêlé au rang des pénitents qui viennent recevoir du Précurseur le baptême de repentance ; et la première fois qu'il élève sa voix au milieu de la foule accourue de toutes parts pour entendre le nouveau prophète, c'est pour célébrer, dans un langage qui n'a rien de pompeux, le bonheur des humbles et des affligés. Cette simplicité, qui nous frappe en lui dès son apparition publique, ne se dément pas un moment dans le cours de son ministère. Jamais il ne vise à l'éclat. Quel soin bien au contraire il prend à l'éviter ! Jamais non plus sa parole ni son action ne trahissent le moindre effort. Jamais il ne laisse à ceux qui le voient à l'œuvre l'impression d'un *plan* qu'il chercherait à tout prix à réaliser. Toujours semblable à lui-même, il attend des événements l'indication de ce qu'il doit faire, et jamais ces événements ne le prennent au dépourvu. Avec quel sublime *à-propos* il répond aux questions droites (Matth. XI, 3-5) ou insidieuses (Matth. XXII, 17-21), qui lui sont posées, et prend du moindre incident l'occasion de faire son œuvre. Un jour quelques pharisiens murmurent devant lui de ce qu'il reçoit les péagers et les gens de mauvaise vie ; — nous devons à ce murmure les paraboles de la *brebis perdue,* de la *drachme* et de l'*enfant prodigue.* Une autre fois, en Samarie, il demande à boire à une femme qui vient puiser de l'eau au puits auprès duquel il se repose ; — on sait quel entretien nous valut cette demande. Et c'est de pareils incidents que se compose toute sa vie ! Nous dirions volontiers : Quelle incohérence ! — si nous n'étions pas contraints, par l'évidence, de nous écrier : quelle harmonie !

Quelle mesure aussi dans cette simplicité ! On admire la sérénité d'un Socrate, se rendant contre son habitude au théâtre, tout exprès pour s'y voir en butte à l'impitoyable raillerie d'un Aristophane, se tenant debout pour mieux se laisser voir et déclarant à ses amis qu'il se figure être à un grand festin où l'on se raille agréablement de lui. On admire, dans un autre ordre, le renoncement de ces riches stoïciens de Rome qui réservaient au sein de leur maison somptueusement meublée, une chambre de misérable apparence qu'ils appelaient la *chambre du pauvre* et où ils passaient de temps à autre quelques heures, et souvent la nuit, sur un grabat, afin de s'y étudier à l'indigence. On reste confondu en présence du sombre ascétisme d'un Çakya-Mouni, qui ne veut point d'autre manteau qu'un linceul qu'il va lui-même demander à la tombe et qu'il façonnera de ses propres mains[6]. — Il n'est pas un de ces traits qui ne déparât l'Évangile et qui ne soit propre à en faire ressortir la merveilleuse simplicité. Jésus ne va point chercher l'injure, il ne la brave point, il la subit, et l'on sait avec quelle patience, lorsqu'elle vient à l'atteindre. Jésus n'est point, comme on pourrait le dire de Sénèque, un amateur de pauvreté[7], il *est* pauvre et il ne dédaigne pas pour cela de voir dans le riche un frère et de s'asseoir à sa table lorsqu'il y est convié.

Comment nier qu'il y ait mille fois plus de grandeur et de force dans cette simplicité et dans cette mesure, que dans les recherches et les excès de la morale la plus austère et la plus sombre ? Comment ne pas admirer tant de simplicité unie à tant d'ambition et ne point se sentir porté déjà à la confiance envers celui qui soutient aussi naturellement le rôle unique qu'il s'attribue ?

Sans vouloir pénétrer encore jusqu'à la cause profonde de cette sublime simplicité, de cette mesure admirable qui marque l'action de Jésus, observons qu'elle dénote un singulier équilibre intérieur, une singulière harmonie de ce que nous appelons au sens restreint et spécial du mot, le *caractère*. Si l'on nous demandait quel *caractère*, ou, s'il nous était permis d'employer une pareille expression, quel tempérament il faut attribuer à Jésus, en vérité nous ne saurions que répondre. Dirons-nous que ce qui distinguait Jésus, c'était une ferme et virile possession de soi-même ? Sans doute, mais ce qui le distinguait tout aussi bien, c'était l'entier abandon avec lequel il se livrait à son entourage. Dirons-nous qu'il fut grave ? À coup sûr, le récit évangélique ne dit même pas qu'il ait jamais ri ; — toutefois, l'impression totale que nous laisse la personne du Christ est tout aussi bien celle de la joie que celle d'une austère gravité (Matth.IX, 14-15 ; Jean XVII, 13). Parlerons-nous de la sérénité qu'il gardait en présence du plus grand danger, comme aussi du plus ardent enthousiasme ? Nous n'aurions pas tout dit, car il nous faudrait parler encore de cette sensibilité profonde qui parfois se trahissait par des larmes et des frémissements. Dirons-nous qu'il fut naturellement sans inquiétude ? Nous le pourrions. « À chaque jour, disait-il, suffit sa peine, » et, dans les petites comme dans les grandes choses, il appliqua toute sa vie cette parole ; mais comment pourrions-nous oublier à quelles angoisses il ouvrait son âme et ne point ajouter aussitôt qu'il connut l'anxiété ? Dirons-nous qu'il aimait le danger et le recherchait ? « Après ces choses, lisons-nous, Jésus demeura en Galilée, car il ne voulait point demeurer en Judée, parce que les Juifs cherchaient à le faire mourir » (Jean VII, 1). — Dirons-nous au contraire qu'il l'évitait ? « Or il arriva, lisons-nous ailleurs, comme les jours de son élévation s'accomplissaient, qu'il se mit en chemin pour aller à Jérusalem » (Luc IX, 51). Dirons-nous qu'il excellait à imposer sa supériorité à son entourage ? Il lava les pieds à ses apôtres sans en excepter Judas qui déjà l'avait trahi. « Apprenez de moi, dit-il, car je suis doux et humble de cœur et vous trouverez le repos de vos âmes. Mon joug est aisé, mon fardeau léger » (Matth. XI, 29-30). — Dirons-nous au contraire qu'il s'attachait à faire oublier cette supériorité ? « Quiconque, dit-il, d'entre vous, qui ne renonce pas à tout ce qu'il a, ne peut être mon disciple » (Luc XIV, 33). Dirons-nous qu'il fut indulgent ? Voyez comme il traite les Pharisiens ! — Dirons-nous qu'il fut sévère ? Voyez comme il reçoit la femme coupable !

Arrêtons-nous ici[8] et reconnaissons dès à présent notre impuissance à renfermer le *caractère* de Jésus en une définition. On a dit que le caractère du Christ était de ne point en avoir. Juste, mais pauvre expression pour rendre tant de richesse ! En Jésus l'imagination la plus poétique, la plus féconde, n'enlève rien à la plus claire intelligence, ni le sentiment le plus profond et le plus tendre au sens moral le plus sérieux et le plus puissant. Chez lui nous trouvons réunis en une vivante harmonie et dominés par une unité supérieure des éléments qui, chez d'autres, ne se trouvent qu'épars et, loin de s'enrichir, se limitent d'ordinaire réciproquement. Ce sera le couronnement de notre travail que de marquer où se trouve le centre de cette merveilleuse harmonie ; alors seulement nous pourrons indiquer quel fut le caractère du Christ. Nous disons le caractère au sens le plus élevé de ce mot, celui qui, appliqué à Jésus, exprime à la fois et ce qui l'unit à nous et ce qui l'en distingue, en un mot la place qui lui revient au sein de l'humanité.

Poursuivons pas à pas notre route, et après avoir entendu de la bouche de Jésus quelle est l'œuvre à laquelle il veut mettre la main, après avoir considéré d'une manière générale son attitude, demandons-lui de quelle nature sont les moyens qu'il veut employer.

II

Le caractère général de ces moyens est le reflet fidèle de la simplicité que nous avons relevée dans toute l'attitude de Jésus-Christ. Leur *grandeur* est bien plus *intérieure* qu'apparente. Il accomplit, il est vrai, des *actes* merveilleux : il nourrit avec quelques pains des multitudes, il guérit des malades, il ressuscite des morts ; mais on sent bien que ce qu'il y a de plus grand pour lui dans ces actes, ce n'est point le pouvoir extraordinaire qu'ils révèlent, c'est la miséricorde qui en fait le fond, c'est l'image que chacun de ces actes nous offre de celui qui les a accomplis, c'est le fait spirituel et permanent dont ils ne sont que la manifestation passagère. Quelques exemples rendront mieux notre pensée. Quelle réponse estime-t-on que Jésus eût faite à un disciple qui lui eût demandé le sens de la résurrection de Lazare ? Pense-t-on qu'il se fût appliqué surtout à le rendre attentif au fait que lui, par sa seule parole, avait rappelé la vie en un cadavre qui offrait déjà les premiers signes de la corruption ? Une pareille réponse étonnerait tout l'Évangile, si, par impossible, l'Évangile la contenait. Non, là ne se borne pas l'éloquence du tombeau au bord duquel Jésus pleura. Ce que dit ce tombeau, avant toute chose, c'est que Jésus *est* « la résurrection et la vie et que quiconque croit en lui vivra quand même il serait mort » (Jean XI, 25). Que Lazare ressuscite trois jours après sa mort, ou qu'il ressuscite « à la résurrection au dernier jour, » c'est là, pour Marthe, une poignante alternative (Jean XI, 24), mais non pour Jésus qui, de la hauteur où il est placé, voit d'avance dans la froide dépouille la créature incorruptible et glorieuse. — Il en est de même de tous les miracles de Jésus-Christ, le merveilleux n'en est que la forme. Que rappelle-t-il à la multitude qu'il a rassasiée, lorsqu'il la retrouve au lendemain du miracle et qu'il veut lui reprocher son incrédulité ? Le prodige dont elle a été l'objet ? En aucune manière. « Travaillez, lui dit-il, non point pour la nourriture qui périt, mais pour celle qui est permanente jusque dans la vie éternelle et que le Fils de l'homme vous donnera » (Jean VI, 27). — Un jour on présente à Jésus un paralytique. Jésus abaissant son regard sur cet homme qu'on lui a amené péniblement, voit en lui une maladie plus grave que celle pour laquelle il est venu chercher la guérison ; ému de compassion il veut le guérir de ce mal plus grand, de ce mal central de son être. « Voyant leur foi, lisons-nous, il dit au paralytique : Tes péchés te sont pardonnés. » Cette parole excite des murmures. « Lequel, dit alors Jésus, est le plus aisé, de dire : Tes péchés te sont pardonnés, — ou de dire : Lève-toi et marche ? Or, *afin que vous sachiez que le Fils de l'homme a sur la terre le pouvoir de pardonner les péchés :* Lève-toi, charge ton petit lit et t'en va en ta maison » (Luc V, 17-25). Nous avons dans ce trait tout le sens des guérisons de Jésus. Dans ses guérisons, Jésus se révèle, d'une manière générale, comme celui qui guérit, comme le Sauveur. Les misères du corps excitent sa compassion, parce qu'il voit en elles, avant tout, un symbole et une conséquence de misères intérieures bien autrement funestes, et en guérissant celles-là, il se manifeste comme celui qui est venu pour guérir l'homme tout entier.

Rappellerons-nous, après cela, avec quel soin Jésus évita toujours que ses miracles ne devinssent l'occasion de quelque éclat (Luc VIII, 51) ; combien de fois il défendit à ceux qui en avaient été les objets d'en répandre le bruit (Matth. IX, 30 ; XII, 16) ; avec quelle fermeté il en refusa toujours à ceux qui n'étaient poussés à lui en demander que par une curiosité vaine (Matth. XVI, 1, 4 ; Marc VIII, 11-12 ; Luc XI, 16 ; Jean VI, 30) et qui n'en eussent pas saisi la vraie portée ? Nous nous recueillerons bien plutôt devant cette grandeur singulière qui sait se passer aussi aisément de l'admiration des hommes, et qui impose avant toute autre obligation à ceux qui l'envisagent avec sérieux celle de regarder à eux-mêmes.

Nous retrouvons dans l'*enseignement* de Jésus le même caractère, le même éloignement pour ce qui paraît, le même *éclat intérieur*.

Il n'annonce jamais qu'il va parler ; il parle, et le plus souvent, nous l'avons déjà remarqué, par occasion. L'occasion de son discours est d'ordinaire de la plus petite apparence. C'est l'objection d'un adversaire, la prière d'un misérable, la vue ou la simple pensée d'une de ces merveilles de la nature qui le plus souvent passent inaperçues. Mais quel parti il sait en tirer ! De quel vol royal il s'élève de la plaine aux plus sublimes hauteurs[9] ! Avec quelle autorité merveilleuse il oblige ses auditeurs à regarder à eux-mêmes, alors qu'ils eussent volontiers regardé ailleurs ! (Luc XII, 13-21) Comme il excelle à jeter au fond d'une conscience telle parole pleine de mystère qui, — semblable à l'un de ces projectiles qui sous leur apparence inoffensive cachent une flamme intérieure et préparent à leurs alentours les plus terribles effets, — n'éclatera que plus tard, mais pour couvrir celui qui l'aura reçue de confusion et de lumière. Est-il besoin de rappeler, pour ce qui concerne les synoptiques, les paraboles, et, pour saint Jean, les entretiens de Jésus avec Nicodème et la Samaritaine ? Comme il sait aussi éclairer la nature d'une lumière nouvelle et y retrouver, sans effort, un symbole admirablement simple du monde moral. On l'a très bien dit : « C'est avec la liberté d'un fils dans la maison de son père qu'il considère la nature[10]. » On dirait que, placé sur la limite des deux mondes, du monde invisible et du monde qui ne l'est point, ou mieux à leur centre commun, il nous nomme pour la première fois les choses par leur nom et nous signale les rapports nécessaires que, selon la pensée du Créateur, elles ont entre elles. Il tire le même parti du spectacle de la société des hommes. C'est au point de vue de l'idéal qu'il se place pour traiter de toutes choses. Nous sera-t-il permis de le dire : quelle poésie en Jésus ! Oui, Jésus est le poète par excellence. Avec quelle puissance il étreint la réalité, comme il sait aussi en faire jaillir la somme d'idéal qu'elle contient, et l'empourprer d'un rayon venu d'en haut ! Il possède au plus haut degré, et *ce sens des choses* sans lequel la poésie n'a pas de corps, et *ce sens de l'idéal* sans lequel elle manque d'âme. Quelle fraîcheur candide et à la fois quelle religieuse sublimité dans la parabole du lis des champs ! Quelle grandeur tragique tantôt sombre, tantôt étincelante d'une merveilleuse lumière dans la parabole de l'enfant prodigue ! Mais nulle part Jésus n'empreint sa parole d'une poésie plus grande que lorsqu'il est en présence de la mort. Nul ne pourrait dire, à coup sûr, que la vue de la mort n'éveille pas profondément sa sensibilité : son tressaillement au tombeau de Lazare, sa propre angoisse alors qu'il sent la mort approcher pour lui-même nous prouvent, au contraire, qu'il en pénètre bien toute l'horreur. Le voici auprès de la dépouille inanimée de la fille de Jaïrus ; il nous semble le voir attacher un long et douloureux regard sur le visage blême de la jeune morte : c'est bien là, n'est-il pas vrai, la réalité dans ce qu'elle a de plus implacable ? Eh bien ! Jésus pénètre jusqu'au fond de cette réalité, il semble qu'il s'en empare, puis il relève la tête, et, tournant vers les parents de la jeune fille un visage illuminé d'un rayonnement inconnu, il s'écrie : « Elle n'est pas morte, mais elle dort ! » Hardiesse sublime par laquelle Jésus va demander à la mort même une image pour rendre ce qui est la vie ! Royale négation de la mort en présence même du cadavre ! Aussi, nous est-il dit, les assistants se riaient-ils de Jésus « sachant bien qu'elle était morte ». Ils se trompaient. Ici c'était le poète qui avait raison contre les hommes *pratiques*, car ici le poète était en même temps le Sauveur, celui qui parlait de la vie était celui qui avait « la vie en lui-même ». N'avons-nous pas là le triomphe même de l'idéal, c'est-à-dire d'une réalité supérieure, car, pour Jésus, le sommeil, c'est-à-dire la vie de la jeune fille, est la plus évidente, la plus définitive des réalités.

Comment ne retrouverions-nous pas dans la personne même de Jésus, nous voulons dire ici dans son *apparence physique*, l'empreinte de cette *haute spiritualité* qui marque ses actes et ses paroles ? L'absence à peu près complète de données positives commande sur ce sujet une grande sobriété, mais non le silence. Nous trouvons dans l'Écriture comme dans l'Église, et notamment dans la peinture religieuse, deux conceptions distinctes de l'apparence extérieure du Christ. Il y a le Christ du psaume XLV, « le plus beau d'entre les fils des hommes ; » le Christ de l'Évangile de l'enfance, dans saint Luc, qui croît tous les jours en « stature et en grâce ; » celui dont l'aspect fait tomber la face contre terre, ceux qui se présentent pour l'arrêter (Jean XVIII, 6), et qui est aussi, à bien peu d'exceptions près, celui qui sert de type à la peinture moderne. Et puis il y a le Christ du 53ᵉ chapitre d'Ésaïe, défait de visage et sans apparence ; celui que, dans le jardin de Joseph d'Arimathée, Marie-Madelaine prend pour le jardinier ; qui n'est point reconnu par les disciples d'Emmaüs (Luc XXIV, 15-16), non plus que par les apôtres lors de sa dernière apparition au bord du lac de Génésareth (Jean XXI, 4). Ce Christ est celui auquel Clément d'Alexandrie et Origène, évidemment inspirés d'ailleurs par Ésaïe, n'hésitent pas à attribuer la laideur physique et que nous retrouvons enfin navré, nous dirons presque souffreteux sur les toiles et dans les vieilles sculptures du moyen âge. Ces deux conceptions sont-elles opposées ? Nous ne le croyons pas ; et voici, pour autant que nous pouvons conclure en cette matière, où nous paraît être la vérité.

La question n'est point ici de savoir si Jésus était beau ; un corps qui est le temple d'une pareille âme est beau, qu'elle qu'en soit la forme. Mais de quelle beauté ? Jésus avait-il dans ses traits cette beauté plastique qui a sa valeur en elle-même et que l'art grec a rendue avec une perfection qui n'a point été dépassée ? Rien ne nous porte à le croire. Une pareille beauté eût produit par elle-même une impression qui eût laissé dans l'Évangile au moins quelques traces, et si Jésus l'eût possédée, quels que fussent les changements que sa résurrection eût opérés en lui, il eût été reconnu aussitôt, et par Marie-Madelaine, et par les disciples d'Emmaüs, et par les apôtres au bord du lac Génésareth. Faut-il attribuer au contraire à Jésus une apparence tout opposée et le rechercher de préférence dans ces images d'un ascétisme parfois si spirituel, mais en même temps si maladif, que nous a laissées de lui le Moyen Âge ? Nous ne le pensons pas non plus. Jésus supporte des fatigues qui excluent l'idée d'une pareille faiblesse, et s'il eût eu un extérieur particulièrement chétif, croit-on que ses adversaires ne le lui eussent pas reproché au nom même de l'idée charnelle qu'ils se faisaient du roi messianique qui devait venir[11] ? Jésus était beau, mais beau comme ses miracles et ses paraboles, c'est-à-dire d'une beauté intérieure que l'on ne pouvait méconnaître, mais qui se révélait toute entière à celui qui savait la chercher avec son âme ; d'une beauté qui était la splendeur à la fois majestueuse et simple de la sérénité profonde de son être intérieur, comme aussi de son amour douloureusement sympathique. Si nous voulions chercher une pâle analogie à cette beauté singulière, nous irions la demander peut-être à celle de ces vierges pures que nous devons au pinceau de Raphaël, de ces vierges auxquelles on serait tenté au premier abord d'appliquer le mot du prophète : « Il n'y a rien en *elles* qui les fasse regarder, » tant leur religieuse candeur et leur maternelle tendresse nous apparaissent voilées d'humilité, mais qui, à mesure que nous les considérons, nous apparaissent plus pénétrées d'une éclatante lumière ; ou bien nous la demanderions, cette analogie, au pinceau d'un Léonard de Vinci ou d'un Rembrandt. C'est à ce dernier surtout, au peintre par excellence de la lumière, qu'il appartenait de nous rendre ce reflet venu de l'intérieur, qui est le trait le plus authentique de la beauté du Christ. Peut-être quelques-uns de nos lecteurs ont-ils remarqué, au Musée du Louvre, parmi les toiles trop peu nombreuses que nous possédons du grand peintre, celle où il a voulu nous représenter le Christ reconnu par les disciples d'Emmaüs. Nous sommes transportés au moment où Jésus rompt le pain et rend grâces. Nous n'avons à parler ici ni des teintes sombres de la salle voûtée qu'éclaire seul un rayon du soleil couchant venant tomber sur la place qu'occupe le Christ, ni de l'attitude des disciples dont l'un semble suivre avec recueillement la prière et dont l'autre, le plus âgé, les yeux fixés sur Jésus, s'étonne et déjà reconnaît son Maître ; ni de l'attitude indifférente de celui qui sert, attitude qui forme le plus parfait contraste avec celle des trois convives. Le Christ seul nous occupe ici. On ne saurait dire si la forme du visage est belle, l'on sent en vérité que cela importe peu ; mais ce qui frappe et confond c'est la profonde spiritualité de chacun de ces traits et surtout de ces yeux pleins de lumière, qui semblent fixés sur l'objet, bien prochain, on le sent, de l'action de grâces ; c'est la sympathie qui pénètre tout le visage, c'est l'expression de tristesse, mais aussi de calme confiance, qui marque toute cette attitude. On le sent profondément en présence de ce tableau ; avec Jésus est apparu le type d'une beauté nouvelle, beauté qui marque à sa manière le triomphe de l'esprit sur la chair, et qui, dédaignant de parler aux yeux, ne se rend sensible qu'à l'âme.

III

Il est naturel qu'après avoir essayé de retracer d'une manière générale le caractère des actes comme des paroles de Jésus et de retrouver dans toute sa personne le reflet de ce caractère, nous fassions un pas de plus et nous envisagions Jésus dans ses *rapports* avec l'objet de toute son action, nous voulons dire *avec l'homme*.

Nous avons eu l'occasion de remarquer combien est profonde la *connaissance* que Jésus a de l'homme et avec quelle sûreté, nous dirions implacable, si elle ne s'alliait pas à tant de miséricorde, il sait démêler les inclinations des cœurs ; nous en avons donné des exemples. Ce qui nous frappe le plus dans cette merveilleuse connaissance de l'homme qu'avait Jésus, c'est sa souveraine impartialité. Que Jésus sache traîner au grand jour les mobiles cachés de ses adversaires et en montrer toute la bassesse, nous pourrions encore n'en point être trop étonné, car nous savons à quel point nos yeux sont naturellement ouverts sur les fautes de ceux qui nous veulent du mal ; mais ce qui nous confond, c'est de voir Jésus appliquer, et avec une égale intensité, cette même clairvoyance à ceux qui lui sont favorables, car nous savons à quel point l'affection et surtout l'enthousiasme que nos amis éprouvent à notre égard, sont propres à nous voiler leurs défauts. Oui, ce qui nous confond c'est de le voir se tourner vers la foule qu'il a nourrie et qui revient à lui au lendemain du miracle, et, loin de s'émouvoir d'un pareil hommage, d'entendre sortir de ses lèvres ces paroles : « Vous me cherchez non parce que vous avez vu des miracles, mais parce que vous avez mangé des pains et que vous avez été rassasiés » (Jean VI, 26). Ce qui nous confond, c'est de voir Jésus, au moment où il va être abandonné de tous et avoir plus que jamais, semble-t-il, besoin de ceux qui l'entourent, bien loin d'encourager ou même d'accueillir l'expression exagérée, mais sincère, du dévouement du plus ardent de ses apôtres, n'en prendre occasion que pour montrer à Pierre combien il se connaît mal (Jean XIII, 37-38) !

Oui, Jésus sait ce que pèse l'enthousiasme d'un ami ou d'une multitude, même quand c'est sur lui que cet enthousiasme se porte. Il connaît l'humanité, il sait quelle somme de versatilité, d'égoïsme, de bassesse elle contient, il ne se fait aucune illusion sur elle et voici : *il ne la méprise pas !* Sa bouche a laissé échapper des paroles sévères, jamais une parole de mépris. Il ne méprise pas les grands, son attitude vis-à-vis d'eux est toujours digne. Est-il besoin de montrer qu'il ne méprise pas les petits ? Il ne méprise ni ses amis ni ses adversaires, il ne désespère d'aucun homme, il ne cesse pas de voir, jusque dans la créature la plus aveuglée et la plus avilie, le temple vide peut-être, et à demi ruiné, mais encore le temple de Dieu, et, pour résumer en un seul trait tous ceux que nous pourrions citer : il lave les pieds de Judas.

Que nous sommes loin du stoïcisme et de l'aristocratique dédain qu'il se flattait de vouer au *vulgaire* ; que nous sommes loin de Socrate qui, frappé rudement sur la place publique, disait à ses amis qui s'étonnaient de sa patience : « Voudriez-vous que si un cheval m'eût frappé je lui fisse un procès ? » Que nous sommes loin de Napoléon, qui prétendait se connaître en hommes, et qui, dans une discussion célèbre[12], s'écriait en parlant d'eux : « C'est avec des hochets qu'on les mène !... » Ici quel mépris profond, là quel respect, et, chose étrange, c'est celui qui connaît le mieux l'humanité et, pouvons-nous ajouter, en a le plus souffert, qui est aussi celui qui la respecte le plus.

Il est aussi, nous l'avons vu plus haut, (et qui ne l'admirerait ?) *celui qui en attend davantage.* Jésus place les hommes en face de l'absolu. Ce qu'il leur demande, ce n'est pas de faire un pas vers la réalisation de leur propre nature, c'est de la réaliser tout entière. « Soyez parfaits, dit-il, comme votre père céleste est parfait » (Matth. V, 48), et nous ne voyons pas que l'insuccès diminue rien de son exigence ; loin de là, ceux de ses discours où nous trouvons exposée de la manière la plus complète, la plus absolue, cette immense réconciliation de tout l'homme avec Dieu et de l'humanité avec elle-même qu'il est venu accomplir, sont les derniers qu'il prononce, d'abord dans la chambre haute où il vient de prendre, avec ses disciples, un dernier repas, poignant symbole de sa mort prochaine, puis la nuit, alors qu'il traverse les rues sombres de Jérusalem, muets témoins de tant de bienfaits et de tant d'ingratitude, pour se rendre au delà du torrent de Cédron, dans ce jardin où l'attendent la plus terrible agonie morale, le baiser d'un Judas, et l'abandon de ses amis.

Mais pénétrons plus avant dans le rapport de Jésus avec les hommes, et remarquons la parfaite *indépendance* qu'il garde toujours vis-à-vis d'eux.

Cette indépendance se traduit, au premier coup d'œil, par une liberté d'allure qui frapperait davantage si elle n'était alliée à une absence complète de toute recherche[13]. Jésus ne fait rien pour choquer les usages de son peuple, non plus que ses lois, qu'il observe[14] (Matth. VIII, 4) ; il reconnaît même l'autorité de l'étranger (Matth. XVII, 27 ; XXII, 20-21), et se garde surtout de jamais offrir au faible la moindre occasion de scandale. À part cela, son genre de vie n'en est pas moins marqué au coin de la plus entière liberté. Il n'est astreint à aucune demeure fixe, il va là où il pense pouvoir faire son œuvre. Il ne se met point en peine pour sa subsistance, il sait que son Père céleste, pour lequel il travaille, ne le laissera manquer de rien, et il n'est pas trompé dans son attente (Luc IV, 39 ; V, 29 ; VII, 36 ; VIII, 2-3). Il s'assied indifféremment à la table du pharisien (Luc VII, 36) et à celle du péager (Luc V, 29). Il sait être, comme Paul, « dans l'abondance, il sait aussi être dans la disette. » Il enseigne aussi bien sur les places publiques et en pleine nature, que dans les sygnagogues. Il admet à ses bienfaits le païen, aussi bien que l'Israélite (Matth. VIII, 5, 6, 7 ; Marc VII, 25, 29). Et ce qu'il y a de plus remarquable dans cette indépendance pour les choses extérieures, c'est qu'elle s'allie bien évidemment, en Jésus, à la discipline intérieure la plus puissante que jamais homme ait exercée sur lui-même. La vie de Jésus ne produira jamais sur personne l'impression d'un trop facile abandon ; là, plus qu'ailleurs encore, la liberté nous apparaît comme le fruit de l'obéissance.

Nous n'avons point encore à nous demander quel était l'objet suprême de l'obéissance de Jésus, bornons-nous à constater ici que ce n'est point en bas qu'il convient de chercher cet objet.

Aucun homme ne fut son maître. Nous voulons dire par là que Jésus, une fois parvenu à l'âge de la pleine liberté, n'a jamais accepté, ni subi la moindre dépendance morale. Et qui donc, demanderons-nous, eût été le maître de Jésus ? Sa personnalité domine et envahit à tel point tout l'Évangile, qu'il serait, en vérité, dérisoire que nous nous missions à le rechercher. Jésus s'est servi des hommes ; il a certainement, nous l'avons vu, appris d'eux ; mais la recherche même que nous avons faite des éléments humains qui ont dû contribuer pour leur part au développement de Jésus nous fournit la preuve de l'impuissance où nous sommes de mesurer Jésus-Christ à aucun de ces éléments.

Nous avons d'ailleurs sur cette matière, un témoignage à nos yeux décisif : c'est celui de Jésus lui-même, de Jésus qui n'a jamais reconnu l'autorité d'aucun homme, qui s'est déclaré bien au contraire en maintes occasions digne de l'obéissance de tous, et qui, ne fût-ce que par l'humilité profonde dont il laisse l'impression à quiconque s'approche de lui, a mérité qu'on l'écoutât lorsqu'il en viendrait à réclamer ce qui lui appartiendrait.

Envisageons brièvement l'indépendance de Jésus sous ses diverses faces.

Il se montre indépendant, non seulement de tout individu, mais de toute *multitude*. Il régnait, au sein de la multitude qui le suivait, en Galilée, un type messianique bien défini, et que l'on connaît. Quelle concession a-t-il jamais faite à ce type ? Quand a-t-il essayé un instant d'atténuer seulement devant le peuple le rôle de Messie humilié et souffrant qu'il avait accepté ? Il semble, au contraire, qu'il ait à tâche de l'accuser davantage et il va jusqu'au paradoxe, afin de dissiper entre lui et cette multitude tout vestige de malentendu. « De grandes troupes, lisons-nous dans l'évangile de Saint Luc, allaient avec lui, et lui, se tournant, leur dit : Si quelqu'un veut venir après moi, et ne hait pas son père, sa mère, sa femme, ses enfants, ses frères, ses sœurs et même sa propre vie, il ne peut être mon disciple » (Luc XIV, 26). Sur laquelle des passions de cette foule a-t-il jamais tenté de s'appuyer, quand il lui eût suffi pourtant, à tel moment donné, d'un mot pour la soulever tout entière ? Quelle dure vérité lui a-t-il jamais ménagée ? Lorsqu'il apprend que cette foule veut l'enlever pour le proclamer roi, que fait-il ? Il refuse ? C'eût été peu, car ce refus même eût augmenté peut-être sa popularité, — il se retire, seul, sur une montagne.

Jésus n'est pas moins indépendant de ses *disciples*. Et d'abord, voyez comme il accueille ceux qui aspirent à se joindre à lui. Avec quel soin il écarte un hommage dont celui qui le rend ne comprend pas la portée[15] ! (Matth. XIX, 17) Avec quelle absence de ménagement il fait à ceux qui veulent le suivre le tableau de tout ce qu'ils auront à laisser derrière eux, et de tous les sacrifices dont se composera leur vie une fois qu'ils se seront attachés à lui (Luc IX, 57-62 ; XIV, 26,33). Étrange manière de les attirer ! — Voyez aussi comme il ménage peu ceux qui sont devenus ses disciples ! Au moment de traverser la crise suprême, au moment où il va se séparer de ses apôtres, au moment ou ces hommes, si faibles encore, vont voir leur attachement à leur Maître et à sa cause mis à la plus rude des épreuves qu'il ait encore traversées, il fait entendre des paroles telles que celles-ci : « Ils vous chasseront des synagogues, même le temps vient que quiconque vous fera mourir croira rendre service à Dieu » (Jean XVI, 2). Étrange manière de les rassurer ! — On ne saurait refuser à ces hommes, malgré leurs chutes, une certaine force de caractère, une certaine puissance naturelle d'agir sur autrui. Pierre et les fils de Zébédée, que Jésus lui-même appelait *Fils du tonnerre,* ne nous apparaissent point comme des hommes pusillanimes. Quelle action déterminante ces hommes exercèrent-ils jamais sur Jésus ? à quel moment de la vie de leur Maître pouvons-nous saisir la moindre trace d'une pareille influence ? Jésus est-il ébranlé par l'émotion douloureuse de Pierre, lorsqu'il annonce pour la première fois ouvertement sa mort à ses disciples ? (Marc VIII, 31-33) Et lorsque ceux-ci l'ont abandonné, en est-il moins fort vis-à-vis de ses adversaires ?

Nous venons de nommer ses *adversaires* ; est-il besoin de rappeler qu'eux surtout ne purent rien obtenir de lui ? Ce qui nous frappe le plus dans les longs et pénibles entretiens qu'eut à soutenir Jésus avec les Juifs, à Jérusalem[16], ce n'est point l'inébranlable fermeté avec laquelle Jésus ne cesse pas un instant de maintenir son titre devant ces hommes qui l'accusent de blasphémer (Jean VIII, 25) ; ce n'est pas même la sévérité avec laquelle il traite des adversaires qu'il sait si puissants (Jean VIII, 44) ; c'est la calme sérénité, l'inaltérable patience qu'il sait garder au milieu de ces contradicteurs dont la vérité était le dernier souci, de ces émissaires de bas étage, qui ne cherchaient qu'à lui tendre embûches sur embûches. Qui niera, en effet, que la patience ne soit un attribut, non de la faiblesse et de la servitude, mais de la force et de la liberté ? Plus tard, à mesure que l'orage gronde autour de Jésus, à mesure que s'accentue chez ses adversaires le dessein de le faire mourir, à mesure aussi il semble leur échapper davantage. On ne saurait s'étonner qu'il ne se soit point livré à eux dès que leur inimitié se fut déclarée, c'eût été là une manière indirecte d'en dépendre. Il attend son heure sans impatience ; il ne l'attend pas même de ses ennemis, il l'attend de son Père céleste ; et lorsque cette heure est venue, qu'elle est pleine de dignité, de puissance et de calme l'attitude qu'il garde devant ses juges ! Il ne les brave point, fût-ce avec le calme d'un Socrate[17]. Caïphe et Pilate en eussent sans doute éprouvé quelque soulagement, tandis que ses réponses simples et calmes, comme le silence qu'il garde par moment en face d'une question indigne de toute autre réponse, jette une plus éclatante lumière sur leurs honteux motifs. Mais ce qui devait les surprendre plus encore, c'était de voir qu'ils ne pouvaient rien sur lui et que, bien loin d'être ébranlé par leur triomphe, jamais Jésus n'avait cru davantage au sien propre qu'au moment où tout devait lui sembler perdu. « Es-tu le Christ, le Fils de Dieu ? lui demande le Juif Caïphe. — Tu le dis, répond Jésus, et de plus je vous déclare que désormais vous verrez le Fils de l'homme assis à la droite de la puissance de Dieu et venant sur les nuées du ciel ! » (Matth. XXVI, 63-64) « Es-tu roi ? lui demande le Romain Pilate. — Tu le dis, répond Jésus, je suis roi, je suis né pour cela[18] » (Jean VIII, 37).

Comment terminer ce qui concerne l'indépendance absolue de Jésus vis-à-vis des hommes, sans remarquer combien cette indépendance est simple et dénuée d'effort ? Jésus ne fait rien pour sauvegarder, aux yeux des autres, cette indépendance ; il ne la proclame point, il ne recule même pas devant des actes qui eussent été de nature à en faire douter. Voyez son attitude vis-à-vis de Jean-Baptiste ; voyez-le, lavant les pieds de ses disciples ! Il est bien libre celui qui ne craint pas de prendre, pour faire le bien, les apparences de l'esclave !

Nous n'avons envisagé, jusqu'ici, que le côté négatif des rapports de Jésus avec les hommes ; il est temps que nous en venions à l'*action positive* qu'il exerça sur eux.

Nous dirons d'abord que Jésus se présente aux hommes comme ayant sur eux une *autorité absolue*. Tout en lui, d'ailleurs, respire cette autorité ; — ses discours : « il leur parlait avec autorité, » dit saint Matthieu (VII, 29), et les gardes envoyés par les sacrificateurs n'osent pas se saisir de lui : « jamais homme, disent-ils à leurs chefs, n'a parlé comme cet homme ! » (Jean VII, 46) ; — sa personne même : Jésus chasse les vendeurs du temple sans autre arme qu'un fouet de cordes, sans autre mandat que celui qu'il tient de sa sainte indignation, — et les soldats conduits par Judas reculent et tombent à terre lorsqu'il se présente devant eux et leur dit : « C'est moi. »

Les relations de Jésus avec ses disciples nous offrent, sous une autre forme, le même caractère. On ne saurait nier, à coup sûr, que la plus entière familiarité ne marquât ces rapports. Avec quel abandon Jésus laisse lire à ses disciples le fond de son âme, ne craignant pas de leur livrer l'expression de l'angoisse profonde que lui cause l'approche de son suprême sacrifice (Matth. XXVI, 38), ainsi que le cri de triomphe que lui arrache la certitude de sa victoire (Luc X, 18). — Eh bien, jamais cette familiarité n'exclut, de la part de ses disciples, un respect profond ; à l'inverse même de ce qui arrive le plus souvent, le respect dont Jésus est l'objet de la part des siens ne fait que grandir à mesure que ceux-ci pénètrent davantage dans son intimité[19]. Le même Jésus, sur le sein duquel, au dernier souper, était couché saint Jean, est celui devant lequel Pierre n'ose paraître sans se ceindre avec respect (Jean XXI, 7), et, — s'il est permis d'associer deux traits d'un éclat si différent, — auquel il suffit d'un regard pour ramener ce disciple à lui-même et lui faire verser les larmes de la plus douloureuse repentance. — Mais ce n'est là que ce que nous pourrions appeler le reflet de l'autorité de Jésus ; considérons maintenant cette autorité dans sa manifestation la plus directe.

Jésus envisage les hommes comme lui appartenant de plein droit ; comme lui ayant été donnés par son père afin qu'il leur donnât à son tour la vie éternelle (Jean XVII, 2) et qu'il régnât éternellement sur eux. Aussi voyez comment il en dispose : « Suis-moi, » dit-il à Philippe ; « Suis-moi, » dit-il à Lévi ; « Suivez-moi, » dit-il aux fils de Zébédée, et ces hommes quittant *tout*, le suivent. C'est ainsi que Jésus entend, en principe, sa royauté. Nous disons « en principe, » car il ne demande pas à tous de le suivre sous cette forme ; il permet, par exemple, à Lazare de demeurer avec les siens ; mais une chose est certaine, c'est qu'il demande à tous de considérer, non seulement leur âme, mais leurs biens, leur vie toute entière comme voués à Celui qui veut s'appeler leur Sauveur[20]. Jésus ne souffre aucun rival entre lui et son disciple, qui doit lui subordonner et devrait, *s'il le fallait*, lui sacrifier, jusqu'à l'affection la plus sainte. Tel est le sens du passage que nous avons cité plus haut (Luc XIV, 26), et dont nous avons déjà relevé la forme évidemment paradoxale. En réalité, Jésus n'a jamais demandé à aucun de ses disciples de haïr à cause de lui son père ou sa mère. Quitter les siens, même par une mort volontaire, quand c'est la mort du martyre, ce n'est point les haïr, c'est bien souvent, au contraire, les aimer d'un amour supérieur.

Comment ne retrouverions-nous pas dans cette *royauté* que Jésus a toujours revendiquée sur les siens et *que les siens ont acceptée* le caractère de profonde spiritualité que nous avons eu l'occasion de signaler en lui ? Jésus ne veut régner que sur des âmes. S'il veut la vie, c'est à cause de l'âme, qui en est le centre. Sans préjuger en rien de l'avenir, il ne songe pas un instant à donner à ceux qui le suivent et qu'il va laisser seuls le moindre vestige d'une organisation extérieure[21]. Son indifférence à cet égard est absolue. Qui ne s'en étonnerait ? Quel moment, enfin, choisit-il pour accepter de la foule un hommage qu'il a jusqu'alors écarté ? celui où il se rend à Jérusalem pour y mourir, et, même alors, singulier triomphe que le sien, singulier mélange, dans son attitude, de celle du roi et de celle du serviteur !

La royauté à laquelle prétend Jésus est peut-être le trait de son caractère, ou, si l'on veut, le dogme le mieux établi de l'Évangile. Nous ne concevrions pas que l'on pût sérieusement le contester. Chose digne de remarque, ce sont les évangiles *synoptiques*, ces évangiles que l'on cherche à nous représenter, par opposition à l'évangile de *Jean*, comme contraires à l'idée d'une divinité *réelle* de Jésus, qui mettent dans la bouche du Christ les affirmations les plus absolues (Matth. IX, 39), les plus inouïes (Luc XIV, 26) de la royauté qu'il veut exercer sur les hommes. Or cette royauté des âmes serait-elle autre chose, demandons-nous, que la divinité ? Ne serait-il à mes yeux qu'un homme, celui qui me demande mon âme, et auquel je la donne, moi, si prompt à proclamer qu'elle n'appartient qu'à Dieu ? Et quelle différence reste-t-il après cela, sur ce point, entre les trois premiers évangiles et le dernier, sinon que celui-ci insiste peut-être davantage sur le *titre* qui revient au Christ, tandis que ceux-là nous parlent de préférence de ses *droits* ?

Mais n'anticipons pas, et après avoir parlé de la royauté à laquelle prétend Jésus, faisons un pas de plus et parlons de son *amour*.

C'est à peine si l'on peut dire que la charité soit un *trait* du caractère de Jésus, tant elle le pénètre tout entier, tant elle est près d'en être le centre. Ici, moins qu'ailleurs, nous avons à craindre de trop accentuer le trait que nous indiquons, de peur de laisser dans l'ombre quelque trait opposé dont il faudrait tenir compte. Et quel serait donc, en Jésus, le trait qui ferait équilibre à sa charité ? Jésus était tout charité. Il n'est pas un acte de sa vie qui ne soit déterminé par son amour. On conçoit que nous ne puissions nous arrêter à en faire la preuve ; ce serait à ceux qui nierait cette harmonie qu'il appartiendrait de nous montrer dans l'histoire de Jésus quelque trait qui leur parût en contradiction avec elle. En vain voudrait-on dire que les éléments nous manquent pour trancher une pareille question, que nous ne connaissons pas tous les détails de la vie de Jésus. Ce que nous connaissons de sa vie nous suffit, car d'une part, comme déjà nous l'avons indiqué, les documents que nous possédons sont, par leur incohérence même, éminemment propres à nous faire comme saisir Jésus à l'improviste dans toutes les circonstances possibles de la vie ; et d'autre part, les Évangiles nous font assister aux moments les plus décisifs de la vie de Jésus, aux moments qui sont, de toute évidence, ceux où la charité de Jésus eût failli si elle eût dû faillir. Relevons quelques traits de cette charité.

Et d'abord son côté plutôt *passif*. On sait tout ce que Jésus eut à souffrir des hommes, de leur légèreté, de leur ingratitude, de leur haine. On peut dire, je crois, que Jésus a été l'homme le plus méconnu, le plus haï de ce monde[22]. Eh bien ! jamais une parole irritante ne sort de ses lèvres, jamais il n'appelle sur ses adversaires la moindre malédiction (Luc IX, 54-55) ; jamais, ce qu'un autre à sa place eût fait cent fois sans que nous songeassions à en être étonnés, jamais il ne se détourne avec dégoût de ces hommes qui mettent, et pour les motifs les plus bas, autant d'obstination à se dérober à lui, qu'il en met, lui, à vouloir les sauver. Il prononce au sujet des scribes et des Pharisiens des paroles pleines de menaces, nous le savons, mais quel est, demandons-nous, le sentiment qui perce sous ces paroles ? Est-ce celui d'une personnalité blessée ? Jamais. « Malheur à vous, s'écrie-t-il, scribes et pharisiens hypocrites, qui fermez aux hommes le royaume des cieux, car vous-mêmes n'y entrez pas, et vous ne souffrez pas que ceux qui veulent y entrer y entrent » (Matth. XXIII, 13). N'est-ce pas là la sainte colère de la charité même ? Et d'ailleurs ce qu'il hait chez le pharisien, est-ce l'homme ? Non, c'est le *pharisien*, et rien de moins subtil que cette distinction. Qu'on essaye, en effet, de nous montrer un seul de ces hommes qu'il ait jamais poursuivi de quelque animosité et auquel il ait refusé sa miséricorde ? On ne le pourra pas, et nous, nous pouvons montrer un homme que Jésus a accueilli, traité comme un disciple chéri, supporté longtemps, — un homme qui, pour prix de tant de bienfaits a vendu son maître, et que ce maître qui a lutté avec lui à force de miséricorde et d'une miséricorde aussi profonde que délicate, ne repoussera même pas lorsqu'il en recevra le baiser du traître (Luc XXII, 21, 22 ; Jean XIII, 3-5, 21, 26). Nous avons la mesure du support de Jésus. Est-il besoin de rappeler, après cet exemple, un autre trait, à peine plus sublime, nous voulons parler de la prière que Jésus adresse de sa croix au Père, pour ceux qui l'y ont cloué ? « Père, dit-il, pardonne-leur, car ils ne savent ce qu'ils font. »

Mais la charité de Jésus n'est pas seulement celle qui supporte, elle est celle qui agit. C'est en face de la souffrance que se montre surtout le *côté actif* de la charité de Jésus. Une chose nous frappe tout d'abord, c'est que, loin de nier la souffrance, Jésus ne cherche même pas à l'atténuer aux yeux de celui qui souffre. Bien au contraire, il semble que sa présence la fasse ressortir. Il ne cherche point à persuader au lépreux que sa lèpre soit peu de chose ; il ne lui conseille pas, comme eût fait à sa place un Sénèque, un Épictète ou un Marc-Aurèle, de s'élever au-dessus de sa maladie, et de puiser des consolations ineffables dans la liberté intérieure de son âme. Il sait ce que vaut la liberté d'un lépreux, d'un lépreux, c'est-à-dire d'un homme condamné à l'isolement et au dégoût de soi-même. Il le regarde, et à sa vue : « il est ému de compassion, » c'est-à-dire, au sens littéral, qu'il souffre avec lui de sa lèpre ; et puis, « il touche » celui que nul n'osait toucher, c'est-à-dire que, dans sa compassion pour cet homme, il se confond à tel point avec lui qu'il brave le hideux contact de sa maladie, et il le guérit (Marc I, 40-42). Si nous avons choisi cet exemple, c'est qu'il nous a paru rendre complètement ce qui caractérise la charité active de Jésus, savoir, sa *compassion*. C'est bien ainsi, d'ailleurs, que l'entend l'Évangile. « Et le soir étant venu dit saint Matthieu,... il guérit leurs malades, » et l'évangéliste ajoute : « afin que fût accompli ce dont il avait été parlé par Ésaïe, le prophète, en ces mots : Il a pris nos langueurs, et il a porté nos maladies » (Matth. VIII, 16-17). Oui, Jésus regarde en face la souffrance humaine, il l'appelle de son véritable nom, il en tressaille, il l'étreint, il s'en laisse étreindre, il guérit le misérable qui en gémissait, et comme il a guéri le lépreux, il veut guérir, se livrant à l'humiliation suprême, l'humanité de son plus implacable ennemi, nous voulons dire de la mort.

En nommant l'*humanité,* nous avons nommé l'objet même de la charité de Jésus. C'est l'humanité tout entière qu'il déclare vouloir étreindre de sa miséricorde (Jean III, 16 ; X, 16), et lui, qui nourrit un pareil dessein, nous le voyons ému par la plus obscure des souffrances ! Oui, la misère du plus ignoré parle aussi haut à son cœur que celle d'une multitude ; l'Évangile applique un même terme à ce que ressent Jésus en présence de chacune de ces misères : « il fut ému de compassion (Matth. IX, 36 ; Marc I, 40), » et celui qui est venu pour sauver le monde a voulu se dépeindre sous les traits de ce berger qui, ayant perdu une seule brebis, laisse tout, va à sa recherche jusqu'à ce qu'il l'ait trouvée, et la rapporte bien joyeux (Luc XV, 5).

Si Jésus, ainsi que nous l'avons vu, envisage avec une horreur profonde les misères de ce monde, parmi ces misères il en est une qui est, pour lui, *la misère* même, celle qu'il retrouve au fond de toutes les autres, et qui excite aussi sa plus douloureuse compassion. Cette misère est le mal moral. Il l'annonce clairement, c'est au péché qu'il en veut (Matth. IX, 2 ; Jean V, 14), au péché et à la profonde inquiétude qui l'accompagne (Matth. XI, 28, 29), au péché et au fruit fatal qu'il porte dans son sein : à la mort (Jean VIII, 21, 24). À cette mort il oppose la *vie,* et la vie, pour lui, c'est la communion avec Dieu, hors de laquelle il ne reste plus à l'humanité qu'à mourir.

Qui pourrait nier qu'il ne rattache d'une manière absolue, nécessaire, à lui-même, la vie de l'humanité ? C'est lui qui *est* la vie de l'homme : nul ne vient au Père que par lui. « C'est ici, dit-il, la volonté de Celui qui m'a envoyé, que quiconque contemple le Fils et croit en lui ait la vie éternelle ; c'est pourquoi je le ressusciterai au dernier jour (Jean VI, 40). Mais pour qu'il devienne, pour l'homme, la source de la vie, il faut qu'il meure, il faut qu'il laisse sa vie propre (Jean X, 17-18), il faut qu'il passe par l'amertume, le dépouillement, l'humiliation suprême de la mort. C'est pour cette heure, surtout, qu'il est venu (Jean XII, 27) ; c'est à cette heure aussi qu'éclate toute sa miséricorde (Jean X, 15, 17, 18 ; XV, 13), car c'est alors qu'elle passe victorieuse par la plus terrible des épreuves.

« La mort de Socrate, dit Rousseau, philosophant tranquillement avec ses amis, est la plus douce qu'on puisse désirer ; celle de Jésus, expirant dans les tourments, injurié, raillé, maudit de tout un peuple, est la plus horrible qu'on puisse craindre. Socrate, prenant la coupe empoisonnée, bénit celui qui la lui présente et qui pleure ; Jésus, au milieu d'un supplice affreux, prie pour ses bourreaux acharnés. Oui, si la vie et la mort de Socrate sont d'un sage, la vie et la mort de Jésus sont d'un Dieu. » Ce sont là d'inimitables paroles, mais qui sont bien loin de suffire à nous expliquer les angoisses de la mort de Jésus. Ces angoisses, d'ailleurs, Rousseau les ignore. « Où est l'homme, dit-il, où est le sage, qui sait agir, souffrir et mourir sans faiblesse et sans ostentation ? » — On raconte que Voltaire écrivit, en regard de ces mots, sur la marge de l'*Émile* : « Sans faiblesse ? Et sa sueur de sang[23] ? » Eh bien ! ce jour-là du moins, le philosophe de Ferney ne réussit pas à blasphémer. Bien malgré lui, sans doute, il disait vrai. Non, la mort de Jésus ne fut point exempte de ce qu'on a coutume d'appeler *faiblesse* en pareil cas. En vain chercherions-nous en lui, au moment de sa mort, l'aimable sérénité d'un Socrate, la sombre fierté d'un Brutus ou le calme puissant d'un Caton d'Utique. Pour lui, on le voit bien, la mort est pleine d'horreur ; elle n'est, avant tout, ni un triomphe, ni une délivrance, mais un ténébreux passage qu'il voudrait éviter, — et, lorsqu'elle arrive, il l'accepte, mais il ne la brave pas. Et pourtant nous sentons bien qu'il y a, au fond de tant de *faiblesse*, un héroïsme que nous n'avons rencontré nulle part ailleurs. Nous comprenons que Jésus, tel que nous l'avons connu, tremblant devant la mort, serait la plus inconcevable, la plus monstrueuse des contradictions, si la mort n'était pour lui que ce qu'elle était pour Socrate, Brutus ou Caton, — et que, pour qu'il ait passé par l'agonie morale de Gethsémané, il faut qu'il ait savouré dans la mort une amertume que ces héros de l'antiquité païenne ne soupçonnaient pas.

C'est là que nous voulions en venir. Jésus ne cherche pas plus à s'élever au-dessus de la mort lorsqu'elle vient à le frapper lui-même, qu'il n'avait cherché à distraire le lépreux de sa lèpre. Il voit en elle le sinistre résumé de toutes les douleurs de l'humanité, il y voit la peine amère et sordide du péché, l'humiliation absolue infligée au révolté, et, dans la plénitude de sa liberté et de la conscience de sa justice, il fait de cette humiliation la sienne propre. De là ces tressaillements douloureux, de là ce visage abattu, de là cette « sueur de sang » dont triomphe Voltaire et dont triomphent à leur tour, depuis dix-huit siècles, tous les misérables qui ont su y reconnaître la lutte comme aussi la victoire suprême de l'amour rédempteur.

IV

Nous avons dit que la charité de Jésus pénétrait sa vie tout entière. Elle n'en est point, pourtant, encore le dernier mot, elle n'en est point le centre, le foyer même. Il est, si nous pouvons encore appliquer une expression aussi petite à quelque chose de si grand, il est un *trait* qui domine en Jésus sa charité même ; nous voulons parler de l'*union* de Jésus *avec Dieu*.

On comprendra que nous soyons obligé, sur ce sujet, à une grande sobriété. Nous ne sommes ici, on voudra bien s'en souvenir, que simple observateur ; à ce titre, nous ne pouvons parler que de ce que nous voyons. Or, si le lien qui unit Jésus à Dieu est le trait central de son caractère, il est, par là même, celui qui échappe le plus à toute description.

Une chose nous frappe, dès l'abord, lorsque nous considérons Jésus dans ses rapports avec Dieu ; c'est qu'il ne se donne jamais à nous comme ayant besoin du pardon de son Père. Lui, si prompt à flétrir chez les autres tout sentiment de propre justice, et à repousser toute prétention à la piété qui ne repose pas sur la repentance ; lui qui ne voit de salut pour l'humanité que dans un *retour* à Dieu, jamais il ne fait monter au Père une requête qui respire le moindre remords personnel ; jamais il ne parle de péchés qu'il aurait commis, jamais il n'exprime la moindre inquiétude au sujet du salut de son âme, jamais cette âme n'est troublée que par la misère d'autrui. Bien plus, il déclare « qu'il fait toujours la volonté de son père » (Jean VIII, 29), il défie ceux qui s'opposent à lui de le convaincre de péché[24] (Jean VIII, 46), il se présente constamment, comme en possession de la vie éternelle. Étrange illusion ! dirions-nous, si nous ne le savions pas si clairvoyant en face du péché d'autrui ; orgueil inouï ! si nous ne le savions pas si humble.

Si humble, disons-nous, et, en effet, la forme sous laquelle nous apparaît en lui son union avec Dieu est celle de la plus absolue *dépendance*. C'est dans l'évangile de Jean que nous trouvons les plus humbles déclarations de Jésus au sujet de ses rapports avec le Père ;

c'est surtout dans les trois premiers évangiles que nous voyons cette dépendance se traduire dans les faits. Jésus le déclare, il n'est pas venu de lui-même, c'est le Père qui l'a envoyé (Jean VIII, 42), le Père qui est avec lui, car il fait en tout temps sa volonté (Jean VIII, 29), le Père dont il tient tout ce qu'il a (Jean V, 20), tout ce qu'il dit (VIII, 16), tout ce qu'il fait (VIIII, 28), le Père dont il recherche en tout temps, en toute occasion la gloire (Jean VII, 18). Nous ne nous arrêterons pas à faire remarquer combien cette *humilité* profonde de Jésus, humilité qui le portait à détourner de lui-même toute la gloire que pouvaient lui attirer de la part des hommes ses promesses et ses actes de miséricorde, est souverainement propre à appeler sur lui la confiance. Il invoque lui-même cette autorité : « Celui, dit-il, qui cherche la gloire de celui qui l'a envoyé est digne de foi, il n'y a point d'injustice en lui » (Jean VII, 18).

L'humilité de Jésus ne se borne pas à des déclarations, elle passe dans les faits et s'appelle l'*obéissance*. Cette obéissance de Jésus à son Père se révèle à nous, toujours égale à elle-même, dans les petites comme dans les grandes occasions ; dans la douce patience qu'il met à accepter les épreuves journalières que lui apporte la condition matérielle et sociale qui lui est faite, aussi bien que dans l'indomptable courage avec lequel il traverse les grandes heures de la lutte ; dans le filial abandon avec lequel il attend de son Père le plan, en apparence si incohérent, de chacune de ses journées, aussi bien que dans la soumission entière qu'il montre en marchant au devant du sacrifice suprême. « Ma nourriture, dit-il, est de faire la volonté de mon Père qui est aux cieux. » Qui oserait le démentir ? Nous ne reviendrons pas sur les moments où l'obéissance de Jésus ressort avec le plus d'évidence ; nous ne rappellerons pas Gethsémané. Nous avons envisagé, au point de vue de l'amour de Jésus, les luttes qu'il eut à soutenir ; nous pourrions les reprendre à celui de son obéissance. Son triomphe est aussi bien celui de l'absolue piété que celui de la miséricorde absolue ; nous nous trompons, il serait plutôt encore celui de l'absolue piété. « Dieu a tant aimé le monde, qu'il a *donné* son Fils au monde, » dit Jésus en mettant la main à la charrue, et au soir de sa journée, il s'écrie encore : « Que ta volonté soit faite, et non la mienne ! » Ce n'est pas la charité de Jésus qui détermine son obéissance, c'est son obéissance qui détermine sa charité. Ce n'est point parce qu'il aime ses frères qu'il est un avec Dieu, c'est parce qu'il est un avec Dieu qu'il aime ceux que Dieu lui a donnés : « Comme le Père m'a aimé, dit-il, ainsi je vous ai aimés. » D'ailleurs, à quoi bon distinguer ? Ici *nous sommes au centre*, ou, si l'on veut, au sommet commun où toutes les lignes se rencontrent. Obéir à Dieu et se donner au hommes, c'est une seule et même chose, l'absolue piété est *en même temps* l'absolue charité. Dire que Jésus est le *vrai* Fils de Dieu, vivant parmi les hommes, et dire qu'il est, par son amour absolu, le sauveur de l'humanité, c'est rendre, en un pléonasme sublime, tout le *caractère* de Jésus.

Mais ce n'est pas seulement par le côté de la dépendance que Jésus nous présente son union avec Dieu. Cette union est réelle ; Jésus n'est point le serviteur, il est le *Fils* de Dieu. Il dit, en parlant de Dieu, *mon Père*, dans un sens évidemment spécial (Matth. XI, 27 ; Luc X, 22) ; il se déclare *un* avec Dieu (Jean X, 30) ; il ose dire *nous*, en parlant de Dieu et de lui (Jean XIV, 23), et cette parole inouïe, qui de la part de tout autre nous choquerait comme un épouvantable blasphème, nous semble si naturelle dans sa bouche, que nous songeons à peine à la relever : « Tout ce qui est à moi est à toi, » dit-il à son Père, et il ne craint pas d'ajouter : « Tout ce qui est à toi est à moi » (Jean XVII, 10). À lui appartient, à ce titre, et le droit de grâce (Luc V, 20), et le jugement sur les hommes (Matth. XXV, 31), et la *vie* (Jean V, 26), et la royauté sur la nature (Marc IV, 41), et cette royauté éternelle des âmes, plus glorieuse encore, et qui est, peut-être, la manifestation la plus authentique de sa *réelle* divinité.

AVERTISSEMENT

Ce petit livre a pour base une série d'articles publiés dans la *Revue Chrétienne**. Il n'est pas la simple reproduction de ces articles. Nous avons fait subir à notre travail une révision dont on apercevra facilement les traces dans ce volume. Nous y avons ajouté, notamment, une *Conclusion*, dont, ailleurs, nous avions le premier senti l'absence.

---

* *Numéros d'août, octobre et novembre 1865.*

CONCLUSION

Rappelons en quelques mots ce que nous avons voulu. Nous avons voulu acquérir, dans la mesure restreinte de nos forces, le droit de donner une réponse à une question qui se pose aujourd'hui de plus en plus impérieuse devant l'Église chrétienne : Qui était Jésus ? Le monde suffit-il à nous l'expliquer ? Est-il venu d'en bas, ou devons-nous le croire quand il nous dit qu'il vient d'en haut (Jean III, 31) ?

Pour cela, nous avons pris son humanité au sérieux ; et qui pourrait nous le reprocher ? De quel nom faudrait-il nommer le sentiment qui aurait pu nous empêcher de le faire, nous qui croyons, avec toute l'Église chrétienne, à l'humanité de Jésus[1] ? Nous avons accepté, dans toute sa plénitude, de la main même de l'Évangile, l'idée de son développement. Nous n'avons pas cru qu'il nous appartînt de poser la limite de l'abaissement de Jésus-Christ et de nous montrer plus soucieux de sa gloire que lui-même. — Nous nous sommes donc demandé, sans arrière-pensée, ce qu'avait pu lui fournir le milieu où il est né, où il a grandi, où il a vécu. Et puis nous avons essayé de rendre, non, sans doute, ce qu'il a été, mais ce qu'il a paru, de décrire, l'Évangile à la main, les traits principaux de son caractère.

Qu'il nous soit permis de résumer ici l'impression qu'a produite sur nous-même l'étude que nous terminons.

Nous dirons d'abord que cette étude nous a laissé plus convaincu de la pleine réalité historique du Christ des Évangiles, et plus étonné que l'on puisse la révoquer en doute. Non, le Christ des Évangiles n'est point le produit de l'imposture ou de l'imagination des hommes ; il a vécu ; il appartient à l'histoire ; nous pouvons nous placer devant lui et fermer les yeux pour ne pas le voir ; nous ne pouvons nous en débarrasser.

Il est vrai que la théorie qui nous représentait la personne de Jésus, telle que nous la trouvons dans les Évangiles, comme l'ouvrage de quelques imposteurs, qui se seraient entendus, est tombée maintenant, bien qu'elle ait laissé, au sein de nos classes populaires, plus d'écho, peut-être, qu'on le pense. Nous ne la relèverons pas même pour lui répondre. C'était trop demander à la conscience, et nous ajouterons, au bon sens, que de leur demander d'admettre que tant de sainteté avait pu surgir un jour du sein de tant de mensonge. Mais il est une autre théorie, aujourd'hui plus confiante que jamais en elle-même, et dont nous devons tenir compte. D'après elle, l'Évangile n'est pas sans avoir un fond de vérité. Il a existé en Palestine, au temps de Tibère, un réformateur moral du nom de Jésus, que distinguaient sa justice, sa charité, son abnégation, qui a réussi à rassembler autour de lui quelques disciples, mais qui n'a pas tardé à succomber à la haine de ses adversaires. La tradition s'est emparée du souvenir de Jésus ; elle l'a revêtu successivement des traits qui étaient attribués d'avance, en Israël, au libérateur qui y était attendu, et l'histoire des pieux héros de l'Ancien Testament offrait à ce travail inconscient de la tradition d'abondants matériaux. « Les traits légendaires surajoutés à l'image de Jésus, dit Strauss, n'ont pas seulement couvert les traits historiques de telle façon qu'il pût suffire d'enlever ceux-là pour faire reparaître ceux-ci ; trop souvent les couches mythiques superposées ont consumé et irrévocablement détruit la réalité historique[2]. » On le voit, ce système ne nous laisse guère plus riches que le précédent. Le véritable Jésus, celui qui a existé, est, d'après Strauss, irrévocablement perdu pour nous ; nous n'avons, en définitive, dans le Christ des Évangiles, qu'un personnage imaginaire.

Il est permis de se demander, en présence de l'accueil qu'a

rencontré chez nous cette théorie, si nous nous sommes bien rendu compte de ce que l'on exigeait de nous. Admettons, pour un instant, que le Christ de nos Évangiles soit le produit de l'imagination fiévreuse du peuple d'Israël. Qu'est-ce donc qu'une imagination populaire qui crée une image diamétralement opposée à celle qu'elle porte dans son sein ; qui attend un roi et crée un sujet, qui attend un triomphateur et crée un vaincu, et finit par attacher à une croix celui-là même qui serait, nous dit-on, non pas seulement l'objet, mais le fruit de sa propre attente ? Nous dira-t-on que nous confondons deux époques distinctes, que l'espérance messianique subit en Israël, dans le cours du premier siècle, une transformation radicale et que les Évangiles sont issus de cette transformation même ? Mais quelle fut donc, demanderons-nous alors, la cause de cette transformation ? Que s'est-il donc passé dans le cours du premier siècle qui ait amené un pareil revirement ? La prise de Jérusalem, nous dit-on. Jérusalem avait été prise bien des fois avant que Titus y entrât avec ses soldats, et d'ailleurs toute l'histoire d'Israël est là pour attester que rien n'était plus propre à surexciter en Israël l'orgueil et l'espérance nationale qu'une nouvelle et sanglante défaite essuyée de la part de l'étranger. Mais encore que s'est-il passé ? Nous répondons : le Christ, le Christ des Évangiles est venu, et nous estimons indiquer par là l'explication la plus simple, la plus raisonnable, après tout, de l'apparition des Évangiles, comme aussi du fait incontestable, immense de la fondation de l'Église chrétienne.

Quand nous n'aurions pas, pour croire à la réalité du Christ, la raison que nous venons d'indiquer, quand il nous serait démontré qu'au premier siècle, en Israël, l'imagination populaire avait en elle et autour d'elle-même de quoi composer de toutes pièces une image analogue à celle du Christ des Évangiles, et de quoi faire produire à cette image les effets immenses que nous connaissons, nous n'aurions encore accordé que peu de chose à la théorie de Strauss. Il est, en effet, une qualité, au moins, qui manquerait à une image composée de la sorte, cette qualité c'est la vie. Or cette qualité est au plus haut point celle des Évangiles et de l'image qu'ils nous présentent, et c'est là, tout premièrement, ce que nous avons voulu faire ressortir. « Il serait, dit Rousseau, plus inconcevable que plusieurs hommes d'accord aient fabriqué l'Évangile, qu'il ne l'est qu'un seul en aient fourni le sujet. » Ne serait-il pas plus inconcevable encore que l'Évangile ait surgi comme de lui-même, et que quatre livres, émanés, nous dit-on[3], de traditions distinctes, opposées même, à bien des égards, quatre livres faits, qu'on nous passe l'expression, de pièces et de morceaux, aient pu créer un type d'une si vivante unité qu'il nous semble qu'en chacun de ses traits nous le retrouvons tout entier ? Ce n'est pas tout. Voilà des siècles que la piété du simple, la spéculation du théologien, l'imagination du poète ont fait de ce type leur objet de prédilection. Oserions-nous dire qu'ils ont réussi à le défigurer ? En aucune manière. Oserions-nous dire qu'ils l'ont enrichi ? Pas davantage. Et, encore aujourd'hui, en présence de cette image, bien loin de nous sentir la liberté d'y ajouter quelque ornement, nous nous sentons à tel point dominés par elle que nous nous trouvons bien ambitieux de vouloir seulement en balbutier quelque chose. Et ce serait un pareil type qu'il nous faudrait considérer comme le produit, aux contours indécis, de l'imagination des hommes ! Mais ne voit-on pas que ce serait donner à cette imagination une puissance à laquelle il serait insensé qu'elle osât prétendre ? Ne voit-on pas, dirons-nous avec l'auteur de l'*Émile*, que « ce n'est pas ainsi qu'on invente, » et que « l'Évangile a des caractères de vérité si grands, si frappants, si parfaitement inimitables, que l'inventeur en serait plus étonnant que le héros ? »

Ce que nous venons de dire implique que, pour nous, la personne du Christ est pleinement historique, non seulement dans son ensemble, mais encore dans ses traits particuliers. Nous insistons sur ce dernier point. Pour ne parler que des traits du caractère de Jésus que nous avons indiqués et sur lesquels seuls nous avons le droit de revenir ici, nous dirons qu'à mesure que nous arrivions à les saisir, à mesure nous sentions à quel point chacun d'eux était inséparable de l'ensemble, et nous comprenions que ce n'était que par une sorte de violence que nous parvenions en quelque mesure à isoler un de ces traits pour un moment. C'est ainsi que cette simplicité parfaite que nous admirons dans toute l'attitude de Jésus n'est que le reflet de la puissante harmonie qui est au fond de son être, et que cette harmonie ne trouve elle-même son explication que dans une parfaite communion de Jésus avec le Père. C'est ainsi encore que l'indépendance royale que garde le Christ vis-à-vis des hommes ne saurait se séparer de sa charité compatissante, et que toutes deux, et cette indépendance et cette charité, ne sauraient se concevoir en dehors d'une subordination entière du Christ à Dieu. Quel serait donc, demanderons-nous, le trait que nous pourrions enlever au Christ des Évangiles, sans en mutiler l'image du même coup ! Serait-ce l'amour ? Nul n'y songe. Serait-ce la sainteté, ce trait auquel nous n'avons point donné une place à part parce qu'il nous a paru résulter naturellement de tous les autres ? Pas davantage. Si Jésus n'est point sans reproche, de quel droit se déclare-t-il un avec Dieu, lui qui n'a pas pleuré sur ses péchés ? De quel droit pardonne-t-il les péchés des autres, lui qui a, le premier, besoin de pardon ? — Serait-ce du rapport spécial, unique, que Jésus soutient avec Dieu que nous voudrions faire abstraction ? Mais alors que faut-il penser de la calme persistance que met Jésus à réclamer pour lui-même la place centrale de l'histoire du monde ; que devient l'autorité absolue qu'il prétend exercer sur nos consciences, et si Jésus n'est plus digne de notre adoration, ne perd-il pas, par là même, ses droits à notre respect ? Non, le caractère de Jésus, et c'est là un des signes de sa vie, ne se prête point à un pareil triage ; lui ôter un de ses traits serait non pas seulement l'appauvrir, mais le déchirer, bien plus, l'anéantir, — et nous avons vu qu'il n'est pas possible de l'anéantir.

Jésus appartient à l'histoire, — telle est donc la première conviction que notre étude a fortifiée en nous. L'histoire ne saurait l'expliquer, — telle est la seconde. On ne nous accusera pas d'être parti de cette seconde conviction, comme d'une hypothèse. — Nous sommes parti bien plutôt de l'hypothèse contraire ; mais lorsque après avoir recherché quels éléments de développement Jésus avait trouvés autour de lui, nous l'avons considéré dans la plénitude de sa force, nous avons compris une fois de plus que toute tentative faite pour expliquer Jésus par la terre était frappée d'avance de stérilité.

Nous ne parlons pas ici des *idées* de Jésus en tant qu'elles peuvent être considérées comme indépendantes de sa personne. Ces idées existaient pour la plupart en Israël avant que Jésus les eût proclamées. Dix siècles avant le Christ, David traitait Dieu comme le plus tendre des Pères (Ps. XXVII, 10), et n'attendait que du pardon la paix de son âme (Ps. XXXII, 5). On sait à quel point l'idée d'un Messie souffrant est familière aux prophètes, on sait aussi que l'idée d'une religion universelle déborde chez eux plus d'une fois la notion étroite d'un Dieu national. Rappelons enfin que huit siècles avant Jésus-Christ, Osée annonçait le Dieu qui veut la « miséricorde plutôt que le sacrifice » prêchant ainsi par avance le culte « en esprit et en vérité ». — Il y aurait déjà, sans doute, dans le seul spectacle d'un Juif du commencement du premier siècle, prêchant avec une calme confiance au sein de son peuple une doctrine qui ne serait que le résumé le plus vivant des accents les plus spirituels des anciens prophètes, il y aurait déjà, disons-nous, dans un tel spectacle de quoi nous dérouter singulièrement. « Je le vois, dit Channing, parlant de Jésus, je le vois entouré de ce peuple aux regards ardents, et prêt à s'abreuver des paroles qui tombent de ses lèvres. Et qu'entends-je ? Pas un mot ni de la Judée, ni de Rome, ni de la liberté, ni des conquêtes, ni des gloires du peuple de Dieu, ni de toutes les nations se pressant dans le temple, sur la montagne de Sion. Chaque mot est un coup mortel porté aux espérances et aux sentiments qui animent ce peuple[4]... » — Oui, c'est là un contraste étrange et puissant ; nous ne croyons pas, toutefois, pouvoir nous appuyer sur ce seul contraste pour prétendre que Jésus échappe aux lois ordinaires de l'histoire. Nous ne le pourrions pas davantage si les idées de Jésus étaient, pour la plupart, des idées nouvelles, car nous ne connaissons pas la limite de ce qu'une individualité peut apporter de nouveau au milieu au sein duquel elle vient à surgir.

Nous ne voulons donc point parler ici des idées du Christ, mais bien de sa personne, de son caractère. Jésus n'a pas seulement promis le pardon des péchés, il les a pardonnés ; il n'a pas parlé seulement d'une union possible entre Dieu et l'homme, il s'est présenté comme réalisant cette union en sa personne, et il s'est conduit comme tel. Jésus n'a pas seulement prêché la justice, il a été juste ; il ne s'est point borné à recommander la charité, il a été l'amour même ; il ne s'est point contenté de prescrire le dépouillement, il s'est dépouillé. Voilà ce qui est nouveau, voilà ce qui échappe à toutes les analogies de l'histoire ! Nous avons beau regarder autour de Jésus, nous voyons bien les éléments qui devaient lui servir, nous voyons le berceau qui lui était préparé, nous ne voyons pas où il aurait pris la conscience qu'il a et qu'il conserve inébranlable jusqu'à la fin de sa mission rédemptrice, de sa sublime dignité. Nous avons beau le considérer lui-même, nous ne voyons rien qui nous permette de supposer seulement que cette conscience soit le produit d'une illusion, rien qui, bien au contraire, ne s'accorde merveilleusement avec elle, et ne vienne lui fournir un inébranlable point d'appui.

Nous n'avons à faire ici aucune démonstration. Il appartenait, selon nous, au caractère de Jésus de défendre lui-même sa propre autorité ; voilà pourquoi nous avons essayé d'en retracer les traits principaux. Nous n'y reviendrons pas, nous nous bornerons, en terminant à une simple observation.

Jésus s'est présenté lui-même au monde comme venant de Dieu, comme uni à Dieu par un lien non seulement de volonté, mais encore de puissance et de gloire. En élevant cette prétention, Jésus assumait sur lui un rôle inouï, celui qui, entre tous, était le mieux fait pour écraser quiconque y eût prétendu indignement. — Voyez avec quelle aisance il se meut au sein de tant de richesses, quelle majesté simple il met à s'en servir ! « Il parle de sauver et de juger le monde, de tirer tous les hommes à lui et de donner la vie éternelle, comme nous parlons de nos actes ordinaires[5]. » Jamais son langage, jamais son attitude, ne trahissent l'effort d'un homme qui chercherait à s'élever artificiellement à la hauteur d'un rôle qui ne serait pas le sien. Jamais aucun homme, aucune foule, aucune situation ne le domine, partout et toujours il reste le Maître. Recueillons avec respect ce témoignage, à lui seul décisif. Qu'on se figure un imposteur ou un fanatique se mettant quelque jour à pardonner les péchés, il ne pourrait y tenir longtemps et périrait bientôt, non sur une croix, mais sur l'inexorable pilori du ridicule. Or, qui oserait dire que Jésus soit jamais monté sur ce pilori, lui qui ne nous apparaît nulle part empreint d'une grandeur plus vraie, plus impérissable que sous le manteau dérisoire et sous la couronne d'épines dont ses bourreaux l'ont couvert, — lui dont les adversaires ne parlent encore aujourd'hui, à dix-huit siècles de distance, qu'en mêlant à leurs attaques un respect et des ménagements singuliers ? Flagrante inconséquence, que nous recueillons pieusement et qui nous permet de tout espérer. Nous disions plus haut que si Jésus n'était pas digne de notre adoration, il ne l'était pas davantage de notre respect ; nous sommes tout aussi convaincu que si nous accordons à Jésus notre respect nous ne sommes pas libre de lui refuser notre adoration, nous ne sommes pas libre de ne pas fléchir le genoux devant lui et de ne pas nous écrier : *Mon Seigneur et mon Dieu !*

Puisse cette impression être partagée, ce n'est pas dans un autre but que nous avons entrepris ce travail, et puisse la pauvreté même de l'image que nous avons osé tracer de celui « que le Père a glorifié » contribuer à ce résultat, ne fût-ce qu'en faisant ressortir à quel point la réalité dépasse cette image !

NOTES

PRÉLIMINAIRES

1. 1 Jean III, 2
2. Nous ne rangeons pas les *évangiles apocryphes* qui nous ont été conservés parmi les sources sérieuses de l'histoire de Jésus.
3. Nous voulons parler des théories de Baur et de M. Renan, absolument exclusives l'une de l'autre. Nous pourrions ajouter que M. Renan se contredit lui-même d'une manière étrange, lorsque, après avoir refusé à certaines portions de Luc et de Jean toute valeur historique (notamment, pour Luc, aux morceaux qui concernent la propriété, et pour Jean aux discussions de Jérusalem), il utilise ces mêmes éléments dans l'image qu'il nous présente du Christ.
4. Cette théorie, inaugurée par Bretschneider (*Probabilia de Evangelii et Epistolorum Joannis apostoli indole et origine*, 1820), énergiquement défendue par Strauss (Ancienne et *Nouvelle Vie de Jésus*) et par beaucoup d'autres, a été soutenue tout récemment encore par Keim, dans un ouvrage remarquable, intitulé : *Der Geschichtliche Christus* (le Christ historique), Zurich, 1865. Il est remarquable que les deux principaux adversaires de l'évangile de *Jean* (Bretschneider et Strauss) se soient rétractés après l'émission de leurs doutes, le premier définitivement, le second pour revenir, on sait avec quel éclat, sur sa propre rétractation.
5. Voir F. Godet, *Commentaire sur l'évangile de saint Jean*, vol. II, p. 744.
6. Voir sur ce point : Dorner, *Christi sündlose Volkommenheit*, travail publié en premier lieu en une traduction, dans le *Supplément théologique* de la *Revue chrétienne* 1861-1862, et dont l'original allemand a paru depuis en un volume.
7. Nous n'avons pas à remarquer ici à quel point *Matthieu* s'applique particulièrement à relever en Jésus les traits qui le désignent comme *celui qui devait venir*.
8. Voir, à ce propos, Holtzmann : *Die synoptischen Evangelien* (les Évangiles synoptiques), notamment la fin du livre, où l'auteur essaye de constituer l'image de Jésus, à l'aide du document qui est pour lui le premier en date dans la littérature évangélique, savoir un *Marc* primitif qui serait, d'après M. Holtzmann, la base du *Marc* que nous possédons. Nous ne saurions attribuer, quant à nous, la même importance que M. Holtzmann aux traits du caractère de Jésus que *Marc* fait surtout ressortir. Ces traits ont pour nous une grande valeur, mais à la condition d'être complétés par ceux que nous fournissent les autres évangiles et *Marc* lui-même.
9. Schleiermacher.
10. Jean II, 19-22 ; III, 1-9 ; IV, 10, 13, 14, 21-24 ; XII, 28-30, 32-33, etc.
11. Voir Jean VI, 48-58 ; X, 1-16, et surtout les derniers discours.
12. Matth. VIII, 17 ; XII, 17-21 ; Jean I, 14 ; II, 11, 25 ; XIII, 1, etc.
13. Morceau sur le « *Caractère du Christ* » (Œuvres de W. E. Channing, Traités religieux, p. 173, traduction de M. Ed. Laboulaye).
14. Matth. XIX, 2 ; Luc IV, 15, 40, 44 ; X, 13 ; Jean XII, 37, etc.
15. Jean XXI, 25.
16. Qui dira que la *Correspondance* de Napoléon, surtout dans ses lettres les plus courtes, ne nous fait pas pénétrer plus avant dans sa personnalité que tel volumineux et savant ouvrage sur sa vie et ses campagnes ?

LE CARACTÈRE DE JÉSUS-CHRIST ENVISAGÉ
DANS SON DÉVELOPPEMENT

1. « *Ne saviez-vous pas*, dit Jésus à Joseph et à Marie, qu'il me faut être occupé aux affaires de mon Père ? »
2. Alors il descendit avec eux et vint à Nazareth, et il leur était soumis, et « *sa mère conservait toutes ces paroles-là dans son cœur* » (Luc II, 51). Ces derniers mots prouvent bien que Marie, satisfaite de la réponse de Jésus (Luc II, 49), n'envisageait pas l'acte de son fils comme un acte de désobéissance. Voir pour la réfutation des objections tirées de cette scène, contre la sainteté de Jésus-Christ : Ullmann, *Sundlosigkeit Jesu*, 7e édit., p. 132, et dans la traduction de M. Th. Bost (*la Sainteté parfaite de Jésus-Christ*), p. 146. Voir aussi *Vie du Seigneur Jésus*, par Riggenbach, traduit par G. Steinheil, 7e leçon.
3. Voir Matth. XVI, 13 ; Marc VIII, 5 ; Luc VIII, 45-46, surtout ce dernier verset. Des passages tels que Luc XXII, 10-12 ; Jean XI, 14 ; Jean II, 24-25, tout en attribuant à Jésus, dans certaines circonstances et dans certains domaines, une intelligence évidemment surnaturelle, ne prouvent pas qu'il eût dans sa condition terrestre et d'une manière absolue la toute-science, hypothèse contre laquelle d'ailleurs s'élèverait directement le témoignage même de Jésus : Marc XIII, 32.
4. « Les autres disaient (de Jésus) : « *C'est Élie* » (Marc VI, 15).
5. Voir pour le développement de cette idée Keim, ouvr. cité, p. 74, 75.
6. Matth. XI, 5 ; XIII, 4-15 ; XXI, 16 ; XXVI, 31 ; XXVII, 46 ; Luc IV, 17-21 ; Jean VIII, 56, etc., etc.
7. Jean X, 16 ; XII, 32.
8. Matth. X, 5-6 ; XV, 24 ; Marc VII, 27.
9. Jean V, 45-46.
10. Les Évangiles ne contiennent aucun indice qui soit de nature à nous donner à penser que Jésus ait jamais fréquenté d'autre établissement d'instruction que l'école à laquelle tout jeune Israélite de son temps venait chercher une connaissance *élémentaire* de l'Écriture. Le titre de *maître* (rabbi) donné à Jésus, non plus que la liberté dont il usait d'enseigner dans les synagogues, ne prouve rien à cet égard. La popularité dont il ne tarda pas à jouir suffit pour nous expliquer ce titre, et l'attitude des principaux vis-à-vis de lui nous interdirait à elle seule de supposer qu'il tînt ce titre et ce droit d'aucun diplôme reçu de leurs mains. « Comment cet homme, disent-ils, sait-il les Écritures, ne les ayant point apprises ? » (Jean VII, 15) Il est à peine utile de faire remarquer que ce que les Juifs prétendent ici, ce n'est pas que Jésus n'ait jamais étudié l'Écriture, comme tout enfant devait l'étudier, ils s'étonnent de ce que, ne s'étant assis aux pieds d'aucun docteur pour y apprendre à expliquer l'Écriture, Jésus en fasse néanmoins, et avec succès, un objet d'enseignement. La question s'éclaire encore si nous nous demandons quels auraient été les docteurs auprès desquels Jésus eût été chercher une instruction religieuse supérieure, car aucune des sectes alors en vogue ne réclame Jésus pour un adepte ; aucune ne l'appelle du nom d'apostat. (Voir Schleiermacher, *Vie de Jésus*, 16e leçon.)
11. F. Godet, *Commentaire sur l'évangile de saint Jean*, p. 755 et 756.
12. Luc X, 25-37.
13. Jean IV, 3-26.
14. Matth. XXI, 23-27.
15. Luc XXI, 1-4.
16. Matth. XII, 47-50 ; Jean II, 4.
17. Matth. I, 19 ; II, 14, 21 ; Luc II, 33.

18. Ainsi la famille de Zacharie, père de Jean ; Siméon, Anne *la prophétesse*...
19. Matth. IV, 17.
20. Matth. III, 11 ; Luc III, 16 ; Jean I, 30. Voir pour l'opinion inverse Keim, *Der geschichtliche Christus* ; p. 36, 37, et la *Vie de Jésus* de E. Renan, p. 107.
21. Jean I, 21.
22. Matth. XI, 14
23. Voir Munk, *la Palestine* (collection de *l'Univers pittoresque*), p. 480 et 514 ; Keim, ouvrage cité, p. 32. — Josèphe compare les pharisiens aux stoïciens.
24. Voir en particulier Matth. XXIII.
25. Matth. XV, 5-6 ; Marc VII, 11.
26. Luc XI, 46.
27. Barthélémy Saint-Hilaire, le *Bouddha et sa religion*, p. 12.
28. Nous n'attribuons pas, on l'aura déjà remarqué, au baptême de Jésus par Jean-Baptiste et au miracle qui l'accompagna, l'importance qu'on leur prête généralement dans l'histoire du développement de la personne du Christ. « Jusqu'à son baptême, dit M. Godet, la vie de Jésus avait été celle d'un homme parfait ; mais il n'avait pas dépassé cette limite... Au jour du baptême, le ciel lui fut ouvert ». Ce point de vue ne nous paraît pas suffisamment justifié par le récit évangélique. Une chose est certaine, d'après ce récit, c'est que l'activité publique de Jésus ne commença qu'à partir de son baptême. En dehors de là, nous ne saurions rien affirmer. On ne peut donner à des passages tels que Luc III, 22 (Le Saint-Esprit descendit sur lui...) et Luc IV, 1 (Or Jésus, étant plein du Saint-Esprit, s'en retourna de devers le Jourdain...) un sens *absolu*, et en conclure que l'habitation réelle du Saint-Esprit en Jésus, ou même la conscience qu'il avait lui-même de cette habitation, ne datent que de son baptême. Ce serait là non seulement méconnaître toutes les analogies de la vie morale, mais encore oublier la réponse de Jésus à douze ans : « Ne savez-vous pas qu'il me faut être occupé des affaires de *mon* Père ? » réponse qui exprime évidemment, nous l'avons relevé ailleurs, la conscience d'un rapport spécial de Jésus avec Dieu. L'Évangile selon saint Jean nous présente d'ailleurs la scène du baptême comme une *manifestation* ayant pour objet, non d'apporter à Jésus quelque chose de spécifiquement nouveau, mais de le révéler soit à Jean-Baptiste, soit au peuple. « Pour moi, dit Jean-Baptiste, je ne le connaissais pas ; mais afin qu'il fût manifesté à Israël, je suis venu baptiser d'eau. J'ai vu l'Esprit descendre du ciel comme une colombe et s'arrêter sur lui. Et pour moi, je ne le connaissais pas ; mais celui qui m'a envoyé baptiser d'eau m'avait dit : Celui sur qui tu verras l'Esprit descendre et se fixer, c'est celui qui baptise du Saint-Esprit. Et je l'ai vu, et j'ai rendu témoignage que c'est lui qui est le Fils de Dieu » (Jean I, 31-34).

Chose digne de remarque, ce sont les *gnostiques* et les *sociniens*, c'est-à-dire deux sectes qui, à des points de vue fort différents, il est vrai, niaient la réalité de l'union parfaite en Jésus du divin et de l'humain, qui ont aussi le plus insisté sur l'élément nouveau qu'aurait reçu le Christ lors de son baptême. Nous ne saurions nous en étonner. Plus, au contraire, le *divin* et *l'humain* seront considérés, dans leur pénétration réciproque, comme le fond même de la nature du Christ, plus leur développement sera considéré comme simultané, en d'autres termes, moins il sera possible d'assigner une date à la divinité de Jésus-Christ.
29. Matth. XVI, 2 ; VI, 26-30 ; Luc VII, 24 ; VIII, 5 ; XIII, 6 ; Jean IV, 36 ; X, 1 et suiv.
30. *Vie de Jésus* de E. Renan, p. 65.
31. Luc VII, 24-25.
32. Ps. VIII, 3-4.
33. Ouvrage cité, p. 42.

34. Voir encore : Matth. XIV, 23 ; XXVI, 36 ; Marc XIV, 32 ; Luc III, 21.

LE CARACTÈRE DE JÉSUS-CHRIST ENVISAGÉ EN LUI-MÊME

1. *Sainteté parfaite de Jésus-Christ*, par Ullmann (trad. par Th. Bost), p. 53.
2. Barthélémy Saint-Hilaire, *le Bouddha et sa religion*, p. 32.
3. Xénophon, *Choses mémorables*, livre IV.
4. Xénophon, livre Ier.
5. C. Martha, *les Moralistes sous l'Empire romain*, p. 35.
6. Barthélémy Saint-Hilaire, p. 26.
7. Martha, p. 193
8. Voir Ullmann, p. 57. H. Martensen, *Die christliche Dogmatik*, § 141, p. 240, Buschnell, *the Caracter of Jesus* (extrait de l'ouvrage intitulé *Nature and the supernatural*, p. 125 et suiv., et surtout Dorner, *Christi sündlose Volkommenheit* (trad. du *Supplément théologique* de la *Revue chrétienne*, 1861 et 1862). Nous devons beaucoup à ce dernier travail.
9. Nous avons consulté avec fruit, sur ce point et sur d'autres, le très remarquable ouvrage de J.-G. Müller, *Vom Glauben der Christen*, t. I, chapitre intitulé : *Versuch einer Schilderung des Characters Jesu* (Winterlhur, 1823).
10. Dorner, *Supplément théologique*, 1862, p. 11.
11. Les adversaires de Paul ne manquaient pas de lui reprocher sa chétive apparence. « La présence de son corps est faible, » disaient-ils (2 Cor. X, 10). Voir Lévitique, ch. XXI, les conditions physiques exigées du souverain sacrificateur.
12. Discussion au Conseil d'Etat du projet de loi relatif à la création d'une *Légion d'honneur*.
13. Dorner, *Supplément théologique*, 1862, p. 11 et 12.
14. Jésus n'a jamais violé le sabbat. Lorsqu'il guérit les jours de sabbat, il ne choque qu'une interprétation grossière de la loi, non la loi elle-même. Il ferme, sur ce point, victorieusement la bouche à ses adversaires (Luc VI, 9-10).
15. Voir, pour la réfutation des objections tirées de ce fait contre la sainteté de Jésus-Christ, le travail cité de Dorner.
16. Jean VII, VIII, IX.
17. Socrate, condamné à mort, invité selon l'usage, par ses juges, à désigner lui-même de quelle manière il désirait voir sa peine commuée : « Je me condamne, dit-il, à être nourri le reste de mes jours dans le Prytanée aux dépens de la république, pour les grands services que je vous ai rendus. »
18. Bretschneider a prétendu que le Christ de saint Jean ne se donne pas pour le Messie. Ce passage répond à Bretschneider. Voir aussi Jean IV, 25-26. On peut trouver dans la *Nouvelle Vie de Jésus* de Strauss, vol. I, p. 114 (de la traduction française), un court résumé des vues de Bretschneider sur le Christ de saint Jean.
19. Cette idée est développée, d'une manière intéressante, spécialement en ce qui touche les rapports de Jésus avec Pierre, par Buschnell (*Character of Jesus*, p. 120).
20. Matth. XIX, 21 ; Marc X, 29-30 ; Luc XIX, 30, etc.
21. On ne peut considérer des passages tels que Luc X, 1-10 (envoi des 70 disciples) comme offrant un pareil vestige.
22. *Comme aussi le plus aimé.*
23. Je trouve cette annotation de Voltaire relevée dans le livre de M. Gaberel, sur *Rousseau et les Genevois*, p. 71.

24. Ce défi resta sans réponse de la part d'adversaires qui pourtant l'épiaient avec toute la perspicacité que donne la haine sur les défauts de l'ennemi. (Voir Dorner, *Supplément théologique*, 1862, p. 10.)

CONCLUSION

1. Nous nous associons de toute notre force, sur ce point, aux considérations aussi élevées que loyales du Dr Beyschlag. (Rapport lu au Kirchentag d'Altenburg, traduit par M. Bruston, *Bulletin théologique*, septembre 1865, p. 136.)
2. *Nouvelle Vie de Jésus*, traduite par A. Nefftzer et Ch. Dollfus, vol. ll, p. 416.
3. Strauss et l'école de Tubingue.
4. *Traités religieux. Caractère du Christ*. Page 177 de la traduction française.
5. Channing, ouvrage cité, p. 181.

Copyright © 2025 by ALICIA ÉDITIONS
Crédits image : Canva, ALICIA ÉDITIONS
Tous droits réservés

www.ingramcontent.com/pod-product-compliance
Lightning Source LLC
LaVergne TN
LVHW090413120526
838202LV00093BA/65